LE BILAN
DE VOS COMPÉTENCES

Patrick de Sainte Lorette
Corinne Goetz

LE BILAN DE VOS COMPÉTENCES

Septième tirage 2015

EYROLLES

Éditions Eyrolles
61, bd Saint-Germain
75240 Paris Cedex 05
www.editions-eyrolles.com

Cet ouvrage a fait l'objet d'un reconditionnement à l'occasion du sixième tirage (nouvelle couverture et nouvelle maquette intérieure).
Le texte reste inchangé par rapport au tirage précédent.

Mise en pages : Florian Hue

ISBN : 978-2-212-55830-2

SOMMAIRE

INTRODUCTION

Pour quel métier suis-je fait ?

Pour quel métier suis-je fait ? Ou plutôt quel métier est fait pour moi ? Dans quelle activité puis-je m'épanouir… et réussir ? Quelle orientation professionnelle dois-je choisir ? Comment changer de voie ?

Ces questions se posent plusieurs fois au cours de l'existence. Chacun y est confronté dans la vie professionnelle bien sûr, à l'occasion d'un changement d'entreprise, de métier, d'une mutation, d'une période de chômage… mais aussi beaucoup plus tôt, dès la classe de troisième, au moment du baccalauréat, lors du choix de ses études ou d'une spécialisation.

Or, bien souvent, faute de prise de recul, on s'engage dans une profession sous l'influence de son entourage familial, de ses résultats scolaires voire de la mode, sans s'interroger ni sur son profil ni sur les opportunités du marché de l'emploi !

Or la réussite professionnelle, ça se prépare ! Pour mettre toutes les chances de votre côté, il est bon de prendre le temps de réfléchir aux activités qui vous conviennent le mieux, soit qu'elles répondent à des qualités que vous possédez déjà, soit qu'elles permettent de développer votre potentiel.

Faire le bilan de vos compétences vous permet de repérer les points forts sur lesquels vous pouvez vous appuyer pour mener à bien votre travail, choisir un secteur d'études ou un domaine professionnel, ou bien encore repartir sur de nouvelles voies. C'est aussi l'occasion d'oser reconnaître vos points faibles ou lacunes, pour en tirer parti ou pour y remédier.

Compétence ou compétences ?

Au sens restreint, le terme de compétence renvoie à la capacité de remplir le rôle et les tâches liées à un travail. Se montrer compétent suppose de s'adapter à une situation donnée pour circonscrire et résoudre les problèmes qui se présentent. Il s'agit de déployer à la fois une habilité acquise grâce à l'expérience et des connaissances concernant un domaine spécifique d'action.

Au sens large, les compétences sont l'ensemble des aptitudes, des expériences et des motivations d'une personne. Celles-ci vont lui permettre de s'adapter à une nouvelle mission et d'y développer son potentiel de progression.

De la qualité de la réflexion que vous mènerez en amont sur vos compétences au sens large dépendra la réussite de votre projet professionnel. Mieux vous cernerez vos compétences, plus vous trouverez aisément un emploi leur correspondant, et plus vous vous épanouirez dans cet emploi.

Il n'est jamais trop tard pour s'y mettre ! Ce livre est là pour vous aider à effectuer ce bilan. Il vous propose une méthode souple, fondée sur la combinaison d'autodiagnostics et de questions visant à stimuler votre analyse. La réflexion personnelle est en effet primordiale. Bien plus que la simple définition de votre projet professionnel, ce guide vise donc à vous donner des outils pour apprendre à vous connaître, à parler de vous, de vos expériences, de vos aspirations, pour pouvoir finalement promouvoir votre projet auprès des autres.

Dans un premier temps, une série de questionnaires d'autoévaluation vous permet de découvrir, à votre rythme, selon vos disponibilités et vos humeurs, votre profil. Celui-ci combine des qualités « personnelles », fondées sur trois modes de fonctionnement (votre mode de raisonnement, votre relation aux autres et votre caractère) et cinq qualités requises dans la plupart des professions (esprit d'initiative, capacité de négociation, qualités d'organisation, de communication et de management).

Dans un deuxième temps, en vous appuyant sur vos résultats et vos réflexions, vous pourrez, à l'aide de tableaux et de listes, établir un bilan recensant vos atouts et votre potentiel de progression.

Cet exercice complexe vous donnera les éléments constitutifs d'un projet professionnel pertinent, en adéquation avec vos atouts d'une part, et avec le marché professionnel d'autre part.

À noter

Cet ouvrage a aussi pour vocation de vous aider à identifier la marche à suivre pour atteindre vos objectifs : ce peut être par exemple de vous mettre en quête d'une formation adaptée pour acquérir les compétences requises par votre projet professionnel, ce peut être encore de commencer par une étude précise de l'actualité d'un secteur professionnel, pour repérer la plus-value que votre candidature apportera dans une conjoncture ou une entreprise données. Ce peut être aussi de recenser les contacts que vous pourriez rencontrer pour vous aider à définir plus précisément votre projet.

La dernière étape consiste à établir un plan d'action pour assurer la promotion de votre projet professionnel auprès des personnes susceptibles de vous offrir un poste… pour décrocher un emploi dans lequel vous pourrez vous épanouir et réussir.

Avertissement

Ce guide ne prétend pas se substituer aux bilans de compétences proposés aux salariés notamment dans le cadre de Pôle emploi ou de l'Apec. Il propose simplement un parcours mis au point par les auteurs à partir de leur expérience en milieu professionnel et scolaire, qui permettra au lecteur non seulement de se situer mais aussi de repérer, de mieux comprendre, voire d'envisager, d'autres comportements possibles.

PARTIE 1

IDENTIFIEZ VOTRE PROFIL PERSONNEL

Avant d'élaborer votre projet professionnel, il est nécessaire de connaître votre profil, d'identifier vos caractéristiques personnelles. Pour ce faire, vous disposerez de trois niveaux d'analyse :

- Le premier niveau est sans doute le plus évident, puisqu'il s'agit de découvrir votre mode de raisonnement parmi quatre modes correspondant à quatre zones cérébrales.
- Le deuxième niveau vous demandera un peu plus de recul. En effet, il vous amènera à étudier le mode de relations que vous entretenez avec l'environnement, les autres, soit votre comportement en société.
- Quant au troisième niveau, il vous engagera à creuser plus profondément encore afin de mieux cerner votre caractère, le noyau de votre personnalité.

Pour chacun des tests d'autodiagnostic associés, vous pourrez apporter vos propres appréciations sur les résultats obtenus et les commentaires qui y sont liés. Cette réflexion vous sera utile par la suite pour établir votre bilan.

CHAPITRE 1

VOTRE MODE DE RAISONNEMENT

Au programme

- Le questionnaire d'autoévaluation
- Les résultats
- Les quatre modes de raisonnement
- Vos réactions aux résultats

Le terme de « raisonnement » évoque de prime abord l'activité intellectuelle. En réalité, il couvre un champ beaucoup plus large, tant dans la vie personnelle que professionnelle. Il s'agit en effet de la faculté d'analyser le réel, de percevoir les relations entre les personnes et les rapports entre les choses. C'est cette faculté qui permet ensuite de porter un jugement, de résoudre un problème ou de construire une argumentation… Notre mode de raisonnement détermine le lien que nous établissons entre les choses et entre les gens, il fonde notre système de valeurs et notre rapport au monde.

Il n'est qu'à regarder notre entourage pour constater combien le mode de raisonnement peut varier d'une personne à l'autre. Ainsi, un même problème sera perçu de manière diamétralement différente par les personnes d'une même famille ou d'une même équipe de travail.

Comprendre votre mode de raisonnement est donc la première étape pour vous situer par rapport à la réalité en général, et à votre travail en particulier. Tel est l'objectif de ce premier chapitre.

Le chapitre est organisé en quatre étapes. Répondez au questionnaire, puis définissez votre profil à l'aide de la grille de résultats. Vous trouverez ensuite des explications générales sur les différents modes de raisonnement et des explications spécifiques pour votre profil. Enfin, il est important que vous preniez le temps de réagir aux résultats que vous avez obtenus et à la définition du profil qui vous est attribué. Vos appréciations argumentées vous seront en effet utiles pour la construction de votre bilan global.

Le questionnaire d'autoévaluation

Vous trouverez dans ce questionnaire une série de propositions. Répondez spontanément en rayant le mot « vrai » ou « faux » qui ne vous convient pas.

Certaines assertions peuvent vous déconcerter. Cela ne doit pas vous empêcher d'y réagir. Il est important d'éviter les abstentions car cela fausserait votre diagnostic.

1. Je préfère travailler seul. Cela me permet d'aller beaucoup plus vite. .... ☐ Vrai ☐ Faux
2. Je fonctionne très souvent à l'intuition. .... ☐ Vrai ☐ Faux
3. Je me fixe régulièrement des objectifs. .... ☐ Vrai ☐ Faux
4. Je ne me lie pas facilement avec les gens. .... ☐ Vrai ☐ Faux
5. J'aime les sensations fortes. .... ☐ Vrai ☐ Faux
6. J'ai conscience d'être perçu comme quelqu'un de froid et de distant. .... ☐ Vrai ☐ Faux
7. Je suis souvent victime du stress. .... ☐ Vrai ☐ Faux
8. Je m'efforce de m'exprimer de manière précise et concise. .... ☐ Vrai ☐ Faux
9. Je pense être doté d'un bon esprit de synthèse. .. ☐ Vrai ☐ Faux
10. J'aime fréquenter les milieux artistiques. .... ☐ Vrai ☐ Faux

11. Je pense que je perçois assez bien la psychologie des gens. ☐ Vrai ~~☐ Faux~~

12. Je m'intéresse à la technique. ~~☐ Vrai~~ ☐ Faux

13. J'ai l'esprit de compétition. ☐ Vrai ~~☐ Faux~~

14. Je m'efforce de bien gérer mon temps. ☐ Vrai ~~☐ Faux~~

15. Je m'intéresse à la Bourse. ~~☐ Vrai~~ ☐ Faux

16. Je ne supporte pas de remettre au lendemain ce que je pourrais faire le jour même. ☐ Vrai ~~☐ Faux~~

17. Je m'efforce de garder toujours mon self-control. ☐ Vrai ~~☐ Faux~~

18. Je pense qu'il ne faut pas perdre de temps dans les détails. ~~☐ Vrai~~ ☐ Faux

19. J'ai une bonne mémoire des lieux. ☐ Vrai ~~☐ Faux~~

20. J'aime fréquenter les expositions, aller au concert ; en revanche, je suis très maladroit de mes mains. ~~☐ Vrai~~ ☐ Faux

21. J'ai besoin de savoir de quoi sera fait le lendemain. ☐ Vrai ~~☐ Faux~~

22. J'aime la vie de bohème. ~~☐ Vrai~~ ☐ Faux

23. J'apprécie le travail en équipe. ☐ Vrai ~~☐ Faux~~

24. Je suis assez rigoureux. ☐ Vrai ~~☐ Faux~~

25. Je garde souvent une certaine réserve en société. ☐ Vrai ~~☐ Faux~~

26. Les gens logiques sont tristes. Il faut laisser place à l'imagination et à l'intuition. ☐ Vrai ~~☐ Faux~~

27. J'attache une grande importance à l'expérience. ☐ Vrai ~~☐ Faux~~

28. Je pense que la communication est la grande affaire de notre société. ☐ Vrai ~~☐ Faux~~

29. Je joue ou j'ai joué d'un instrument de musique. ~~☐ Vrai~~ ☐ Faux

30. J'estime avoir un bon sens de l'analyse. .... ☐ Vrai ☒ Faux

31. J'aime qu'on m'aime. .... ☐ Vrai ☒ Faux

32. Je suis assez bricoleur. .... ☒ Vrai ☐ Faux

33. Je me réfère toujours à la logique. .... ☒ Vrai ☐ Faux

34. J'estime qu'il faut maintenir les traditions. .... ☐ Vrai ☒ Faux

35. Je m'efforce de ne pas me laisser trahir par mes émotions. .... ☐ Vrai ☒ Faux

36. Je suis très organisé, certains me trouvent même un peu tatillon. .... ☐ Vrai ☒ Faux

37. Je fais confiance au progrès scientifique. .... ☐ Vrai ☒ Faux

38. Je suis attiré par les idées novatrices. .... ☐ Vrai ☒ Faux

39. J'ai toujours été meilleur en français ou en philosophie qu'en physique ou en chimie. .. ☒ Vrai ☐ Faux

40. Je suis assez doué de mes mains. .... ☐ Vrai ☒ Faux

41. J'aime la polémique pour le plaisir de confronter des idées différentes. .... ☒ Vrai ☐ Faux

42. Je m'efforce de faire passer la raison avant les sentiments. .... ☐ Vrai ☒ Faux

43. J'ai le contact très facile. .... ☐ Vrai ☒ Faux

44. L'émotivité n'est pas un handicap, elle manifeste une certaine sensibilité. .... ☐ Vrai ☒ Faux

45. Je suis très sensible au respect des lois. .... ☐ Vrai ☒ Faux

46. Je prends en compte les faits et les chiffres pour me décider. .... ☐ Vrai ☒ Faux

47. J'aime jongler avec les idées et les concepts. .... ☐ Vrai ☒ Faux

48. J'aime mener plusieurs projets de front. .... ☐ Vrai ☒ Faux

Les résultats

Les propositions énumérées précédemment se rapportent à quatre catégories, correspondant à quatre zones cérébrales, caractérisées par des modes de raisonnement différents. Encerclez les numéros des propositions auxquelles vous avez répondu par « vrai ». Comptez un point par numéro entouré et faites votre total par colonne.

Cortical droit	Cortical gauche	Limbique gauche	Limbique droit
01	03	04	05
02	08	06	10
09	12	07	11
18	13	16	22
19	14	17	23
20	15	21	28
26	27	24	29
38	30	25	31
39	33	34	32
41	37	35	40
47	42	36	43
48	46	45	44
Total : 7	Total : 9	Total : 11	Total : 9

Les quatre modes de raisonnement

Pascal dans ses célèbres *Pensées* fait allusion à « l'esprit de géométrie » et à « l'esprit de finesse ». En fait, ce clivage reflète la notion d'hémisphéricité découverte au XIXe siècle par le biologiste François Broca, puis développée au XXe siècle par l'Américain Sperry (prix Nobel en 1981). Aux deux hémisphères du cerveau correspondent en effet des « spécialités » différentes.

- L'hémisphère gauche est le siège du verbal, du rationnel, de la logique, du numérique, de l'analytique et de l'abstraction.

- L'hémisphère droit est le siège du non-verbal, de l'analogique, de l'intuitif, du spatial, du synthétique et du concret.

La théorie du « cerveau triunique »

Ébauchée dès les années 1950 et reprise jusqu'à nos jours par le docteur P. Donald Mac Lean, la théorie du « cerveau triunique » s'est greffée sur la notion d'hémisphéricité. Selon cette théorie, le cerveau humain serait constitué de trois formations évolutives bien distinctes.

Au centre se trouve un cerveau reptilien, hérité de nos plus lointains ancêtres. Il est à la source de nos comportements primitifs : souci du territoire et de sa défense, gestes automatiques, besoins fondamentaux (manger, boire, dormir, se reproduire...).

Autour et au-dessus s'est développé un cerveau limbique déjà présent chez les précurseurs de nos mammifères. Mac Lean appelle ce système « le cerveau viscéral ». C'est le centre de l'affectivité et des émotions.

Enfin, ces deux cerveaux sont recouverts par le cerveau dit supérieur ou néocortex, « mère de l'invention, père de la pensée abstraite », selon Mac Lean. Ce cerveau produit le raisonnement, le langage, la « conscience symbolique ».

À partir de ces informations, des chercheurs ont essayé de croiser approches verticales et approches horizontales : les distinctions entre hémisphères droit et gauche complètent les distinctions entre système limbique et système cortical (néocortex). Ces études ne prennent pas en compte le système reptilien puisqu'il produit des comportements incapables d'adaptation.

Ned Hermann[1], chercheur à l'université du Texas, déduit de ces observations l'existence de quatre « secteurs de réactivité » :

- le secteur cortical gauche (CG) ;
- le secteur cortical droit (CD) ;
- le secteur limbique gauche (LG) ;
- le secteur limbique droit (LD).

1. Hermann, Ned, *The Creative Brain*, NASSP Bulletin, septembre 1982 et *Brain and Management Learning*, The Bureaucrat, mars 1982.

Quelles sont les implications d'une telle distinction ? Selon Hermann, un individu donné, dans un contexte donné, marquerait une préférence pour un des quatre secteurs cérébraux. Très souvent cette préférence sera limitée à l'un des quatre secteurs CG/CD/LG/LD. Mais cette préférence peut aussi être un peu plus large et concerner l'hémisphère droit ou gauche, l'ensemble du cerveau cortical ou limbique. Ces diverses « préférences » cérébrales déterminent des comportements cérébraux différents et renvoient à des approches différentes de la réalité.

La prépondérance du secteur « cortical gauche »

La prépondérance du secteur cortical gauche (CG) dans l'activité cérébrale concerne des individus logiques ayant développé un bon esprit d'analyse. Ces personnes bénéficient d'une certaine aisance dans la manipulation des concepts scientifiques et techniques. Elles jonglent sans problème avec les chiffres. Leurs prises de décision s'appuient toujours sur une analyse de la situation, des moyens techniques, humains, financiers dont elles disposent, ainsi que des opportunités auxquelles elles peuvent être confrontées.

La prépondérance du secteur « cortical droit »

Lorsque l'individu privilégie le secteur cortical droit (CD), cela signifie qu'il brille par son imagination, son intuition, son sens de la synthèse. Il aborde les faits de manière globale. Il préfère nettement jongler avec les idées plutôt qu'avec les chiffres. Il a le goût des solutions novatrices. On lui reproche parfois d'avoir la folie des grandeurs. Certes, il ne s'embarrasse pas de contraintes, détourne sans problème les normes, les conventions. Il manifeste une curiosité intellectuelle indéniable, notamment à l'égard des différentes formes d'art.

La prépondérance du secteur « limbique gauche »

Le secteur limbique gauche (LG) renvoie à des personnes dont l'abord est assez froid. Cela peut surprendre dans la mesure où la zone LG correspond aux sensations et aux émotions. De fait, les limbiques gauches sont émotifs mais ils essaient d'endiguer leur flux émotionnel afin de rester parfaitement maîtres d'eux-mêmes. Dans ce but, ils se protègent à travers le maintien de leurs habitudes et une quête perpétuelle de rigueur. Ils planifient, organisent et ordonnent leur vie. Ils s'efforcent de mettre en œuvre des procédures.

La prépondérance du secteur « limbique droit »

Le développement du secteur limbique droit (LD) se traduit par une forte sociabilité, voire une tendance au bavardage. Les personnes concernées sont toujours prêtes à s'enthousiasmer pour une cause ou un idéal. Elles sont dotées d'un sens psychologique inné qui leur permet de gérer aisément les problèmes interpersonnels. Loin de masquer leurs émotions, elles les exploitent à travers l'expression verbale, corporelle ou artistique.

Vos réactions aux résultats

Le questionnaire ne s'arrête pas aux résultats. Ceux-ci sont avant tout destinés à vous permettre de mieux vous connaître ! Il est donc important que vous preniez le temps d'apprécier les résultats obtenus et d'analyser les réactions qu'ils suscitent en vous.

Ne négligez pas cette phase de réflexion et d'introspection qui vous sera utile par la suite pour identifier vos atouts.

Êtes-vous d'accord avec vos résultats ? Pourquoi ?

✍ limbique gauche :
sensation et emotions
maîtrise de soi
listes procédures

Quels exemples pouvez-vous donner à l'appui de vos réactions ?

✍ Faire des listes pour tout
Toujours agenda.
Satisfaction de faire et rayer
au fur et à mesure
Les gens me disent que je suis
une fausse calme
J'arrive à gérer mes émotions

CHAPITRE 2

VOTRE RELATION À AUTRUI

Au programme

- Le questionnaire d'autoévaluation
- Les résultats
- Les trois grand modes de comportement relationnel
- Vos réactions aux résultats

Dans la vie professionnelle, comme dans la vie privée, nous sommes constamment en relation avec autrui. De la qualité de ces relations dépend bien souvent la qualité de notre moral ! Nous savons bien qu'en fonction des personnes qui nous font face, nous adoptons des attitudes différentes : nos attitudes, nos paroles, nos réactions physiques et émotionnelles ne sont pas interchangeables. Nous en sommes bien conscients. Mais il est souvent malaisé d'analyser la façon dont nos comportements peuvent être perçus « en face ». Ce chapitre est donc destiné à vous éclairer sur votre mode de relation aux autres.

À noter

Le questionnaire qui suit n'est qu'une des composantes du parcours d'identification du profil personnel. Les résultats ne doivent pas être pris comme des vérités qui enferment, mais comme des outils utiles pour comprendre certains mécanismes de nos comportements dans lesquels nous nous enfermons peut-être malgré nous.

Le chapitre est organisé en quatre étapes. À partir de vos réponses au questionnaire, définissez votre profil à l'aide de la grille de résultats. Vous trouverez ensuite des explications générales sur les différents modes de relation à autrui et des explications spécifiques pour votre profil. Enfin, il est important que vous preniez le temps de réagir aux résultats que vous avez obtenus et à la définition du profil qui vous est attribué. Vos appréciations argumentées vous seront en effet utiles pour la construction de votre bilan global.

Le questionnaire d'autoévaluation

Vous trouverez dans ce questionnaire une série de propositions. Répondez spontanément en rayant le mot « vrai » ou « faux » qui ne vous convient pas.

Certaines assertions peuvent vous déconcerter. Cela ne doit pas vous empêcher d'y réagir. Il est important d'éviter les abstentions car cela fausserait votre diagnostic.

1. Je pense savoir évaluer assez vite les gens. .... ☐ Vrai ~~☐ Faux~~
2. J'apprécie que les autres aient besoin de moi. ..... ☐ Vrai ~~☐ Faux~~
3. J'ai tendance à ne croire que ce que je vois. .... ☐ Vrai ~~☐ Faux~~
4. Je suis ambitieux. .... ☐ Vrai ~~☐ Faux~~
5. Je préfère ma tranquillité aux responsabilités. ...... ☐ Vrai ~~☐ Faux~~
6. Je vis au jour le jour. .... ~~☐ Vrai~~ ☐ Faux
7. On me dit « soupe au lait ». .... ☐ Vrai ~~☐ Faux~~
8. La manifestation des émotions peut être dangereuse. .... ~~☐ Vrai~~ ☐ Faux
9. J'ai déjà animé des groupes de jeunes et j'aime ça. .... ~~☐ Vrai~~ ☐ Faux
10. J'ai le sens du devoir. .... ☐ Vrai ~~☐ Faux~~

11. Les gens dont les intentions ne sont jamais suivies d'actions m'agacent. ☐ Vrai ~~☐ Faux~~

12. Je suis fidèle à mes idées et à mes copains. ☐ Vrai ~~☐ Faux~~

13. Je n'aime pas devoir prendre des décisions rapidement. ~~☐ Vrai~~ ☐ Faux

14. Les hommes politiques, quels qu'ils soient, me font rire. ~~☐ Vrai~~ ☐ Faux

15. Je n'aime pas que l'on me dise ce qu'il faut faire. ☐ Vrai ~~☐ Faux~~

16. J'ai un sens critique très développé. ☐ Vrai ~~☐ Faux~~

17. Il faut faire des sacrifices pour réussir dans la vie. ~~☐ Vrai~~ ☐ Faux

18. Lorsque je rends service, je tiens à ce que l'on me remercie. ~~☐ Vrai~~ ☐ Faux

19. Je suis beaucoup moins exigeant avec les autres qu'avec moi-même. ☐ Vrai ~~☐ Faux~~

20. J'aimerais défendre les grandes causes. ~~☐ Vrai~~ ☐ Faux

21. J'essaie de garder mon sang-froid dans des conversations animées. ☐ Vrai ~~☐ Faux~~

22. J'aime bien manger, boire, m'amuser sans mesure. ☐ Vrai ~~☐ Faux~~

23. Notre société actuelle a souvent tendance à faire preuve d'égoïsme. ☐ Vrai ~~☐ Faux~~

24. Je suis irrité par les fautes d'orthographe. ☐ Vrai ~~☐ Faux~~

25. Dans la répartition des tâches, j'ai tendance à garder pour moi les travaux les plus difficiles, les plus délicats. ☐ Vrai ~~☐ Faux~~

26. Je m'intéresse beaucoup aux enfants. ~~☐ Vrai~~ ☐ Faux

27. Je suis très organisé. ☐ Vrai ~~☐ Faux~~

28. J'attache une certaine importance à l'opinion que les autres ont de moi. ☐ Vrai ~~☐ Faux~~

29. J'essaie toujours de ménager les uns et les autres afin de ne pas me faire d'ennemis. .... ☐ Vrai ☐ Faux

30. Les règlements sont faits pour être détournés. .... ☐ Vrai ☐ Faux

31. Je ne supporte pas les retardataires. .... ☐ Vrai ☐ Faux

32. Il serait souhaitable de généraliser l'interdiction de fumer dans les lieux publics. .... ☐ Vrai ☐ Faux

33. J'aime donner plutôt que recevoir. .... ☐ Vrai ☐ Faux

34. Je pense avoir certains talents de pédagogue. ..... ☐ Vrai ☐ Faux

35. J'ai tendance à rendre service avant même que l'on me le demande. .... ☐ Vrai ☐ Faux

36. Je pense qu'il est important de soigner son image, son look. .... ☐ Vrai ☐ Faux

37. Je ne sais pas dire « non ». .... ☐ Vrai ☐ Faux

38. Je reconnais être souvent égoïste. .... ☐ Vrai ☐ Faux

39. Il est important d'avoir des principes moraux solides. .... ☐ Vrai ☐ Faux

40. Je pense être un bon conseiller. .... ☐ Vrai ☐ Faux

41. Je sais faire preuve d'autorité quand il le faut. ...... ☐ Vrai ☐ Faux

42. Je ne me sens pas très attiré par des responsabilités d'encadrement. .... ☐ Vrai ☐ Faux

43. Je ne supporte pas les gens soumis. .... ☐ Vrai ☐ Faux

44. Il faut savoir échapper à l'autorité des parents. .... ☐ Vrai ☐ Faux

45. J'éprouve un plaisir certain dans la provocation. .. ☐ Vrai ☐ Faux

46. Je fais souvent rire la compagnie. .... ☐ Vrai ☐ Faux

47. Avant de prendre une décision, je définis toujours un plan d'action. .... ☐ Vrai ☐ Faux

48. Seuls les chiffres sont fiables. .... ☐ Vrai ☐ Faux

49. J'essaie d'équilibrer travail et loisir. .... ☐ Vrai ☐ Faux

50. Il faut, dans certains cas, avoir recours à la flatterie. .... ☐ Vrai ☐ Faux

51. J'ai besoin de me défouler régulièrement. .... ☐ Vrai ☐ Faux

52. Je m'efforce d'assumer mes responsabilités en toutes circonstances. .... ☐ Vrai ☐ Faux

53. Je fais tout pour favoriser les confidences de mes amis. .... ☐ Vrai ☐ Faux

54. Il y a eu dans ma vie des gens qui ont exercé une influence décisive sur moi. .... ☐ Vrai ☐ Faux

55. J'aime la compétition. .... ☐ Vrai ☐ Faux

56. J'ai souvent tendance à privilégier le fonctionnel sur l'esthétique. .... ☐ Vrai ☐ Faux

57. Je suis très réservé dans les réunions. .... ☐ Vrai ☐ Faux

58. Il m'arrive de porter des tenues vestimentaires excentriques. .... ☐ Vrai ☐ Faux

59. Je pense être habile dans mes relations avec les autres. .... ☐ Vrai ☐ Faux

60. J'ai déjà exercé des activités bénévoles. .... ☐ Vrai ☐ Faux

61. Je pense que les infractions au Code de la route ne sont pas suffisamment sanctionnées. .... ☐ Vrai ☐ Faux

62. Je suis irrité par ceux qui suivent toujours la mode. .... ☐ Vrai ☐ Faux

63. Je m'efforce d'imposer mes choix en douceur. .... ☐ Vrai ☐ Faux

Les résultats

Reprenez maintenant les numéros des propositions pour lesquels vous avez choisi de répondre « vrai ». Encerclez les numéros correspondants dans la grille ci-dessous. Comptez un point par numéro entouré et indiquez le total de chaque ligne dans la colonne de droite.

Parent conseil	09	26	33	34	35	40	60	4
Parent sauveur	02	18	19	20	25	53	59	4
Parent protecteur	01	10	17	32	39	52	63	5
Parent critique	11	16	23	24	31	41	61	6
Adulte	03	08	21	27	47	48	56	4
Enfant modèle	04	12	28	36	49	54	55	7
Enfant soumis	05	13	29	37	42	50	57	4
Enfant rebelle	07	15	30	43	44	45	62	2
Enfant nature	06	14	22	38	46	51	58	2

Les trois grands modes de comportement relationnel

L'analyse transactionnelle est une grille de lecture des relations interpersonnelles qui a été développée dans les années 1960 par un psychothérapeute américain, Eric Berne[1].

D'après ce dernier, il existe trois grands modes de comportements :

- le mode **Parent** ;
- le mode **Adulte** ;
- le mode **Enfant**.

1. Berne, Eric, *Analyse transactionnelle et psychothérapie*, Payot, 1971, *Psychiatrie et psychanalyse à la portée de tous*, Stock, 1971, *Des Jeux et des Hommes*, Payot, 1975, *Que dites-vous après avoir dit « Bonjour » ?,* Tchou, 1977.

Le mode *Parent*

Le mode *Parent* correspond à un comportement qui a intégré les principes fondateurs de l'éducation reçue au cours de l'enfance, c'est-à-dire que ce profil a fait siens les modèles et les règles inculqués par son milieu familial et social. La prise en compte réfléchie des règles du milieu dans lequel le sujet évolue et des contraintes liées à son environnement joue un rôle important dans son comportement social. Ce mode prend des formes différentes selon les individus.

- Le type *parent protecteur* est attiré par tout ce qui relève de la norme, par la réglementation. Il fait appliquer la loi, il veille à la défense des grands principes moraux. Ses points forts sont l'organisation et la gestion, c'est-à-dire l'ordre, les méthodes, la planification. Ses points faibles sont un manque de tolérance, d'écoute, de prise en compte des motivations, cela peut nuire à la recherche d'une amélioration des conditions de travail.

  Lorsqu'il est le fait d'une personne en position de manager, ce comportement est respecté en raison de sa compétence, son expertise, et la pertinence des décisions prises.

- Le type *parent critique* abuse de la réglementation. Il en arrive parfois à la dévalorisation et à la répression. Ses points forts sont la rigueur – surtout vis-à-vis des autres – et le sens de la vérification. Ses points faibles sont l'absence de créativité, l'incapacité à avoir des projets à long terme, une certaine tendance à s'entourer de précautions et de principes pour se protéger. Il est à l'aise dans des métiers en lien avec le contrôle, l'audit, la sécurité ou la défense.

- Le type *parent conseil*, comme son nom l'indique, aide, soutient, informe, écoute. Il est plus attentif à la qualité qu'à la quantité, plus sensible aux conditions de travail qu'à la productivité, plus fonctionnel qu'opérationnel. On le trouve souvent dans les fonctions liées à la gestion du personnel, à la communication, aux métiers de conseil.

- Le type *parent sauveur* est paternaliste. Il peut tendre à la manipulation voire à la démagogie. On lui reconnaît une forte adaptabilité face aux hommes et aux événements. Ce type de comportement correspond souvent à un bon profil commercial, doté d'un bon relationnel.

Le mode *Adulte*

Le mode *Adulte* est fait d'un seul bloc. L'individu a tendance à s'orienter vers l'analyse et la réflexion qui précèdent l'action. Il se réfère à la raison et l'expérience. Il a une vision logique, méthodologique, voire technocratique des événements. Il aime les chiffres, le mesurable, le quantifiable, le tangible. On le rencontre souvent dans les services généraux et techniques, comptabilité, contrôle de la qualité, informatique...

Le mode *Enfant*

Le mode *Enfant* se subdivise en deux grandes familles de comportements : *enfant nature* et *enfant adapté*. Cette dernière se subdivisant à son tour en *enfant modèle*, *enfant soumis* et *enfant rebelle*. Le mode *enfant* est sous l'influence de l'affectif.

- Le type *enfant modèle* mise à fond sur les règles du jeu de la société. Mais contrairement au mode *Parent*, celles-ci ne représentent pas une fin en soi mais un moyen pour être reconnu, apprécié. Il est ambitieux, a besoin d'être reconnu, apprécié. Il prise les objectifs clairs, le travail bien fait. Il s'intègre sans problème à une équipe, et s'adapte à des structures très diverses.
- Le type *enfant soumis* ne croit pas vraiment aux règles du jeu de la société, mais il les respecte pour avoir la paix. Pour conserver sa tranquillité, il peut être tenté de se compromettre. Son principal point faible est le risque de fuir les responsabilités. En revanche, c'est un excellent exécutant apprécié pour sa rigueur. On le trouve souvent à des postes administratifs.

- Le type *enfant rebelle* rejette systématiquement les règles du jeu de la société. Il agit au coup par coup. Il n'est guère à sa place au sein d'une équipe, mais sait être efficace lorsqu'il travaille seul, forgeant ainsi ses propres méthodes. Parmi les métiers qui lui conviennent comptent ceux de journaliste, de professeur, d'artiste ou d'artisan.
- Le type *enfant nature* ne rejette pas les règles de la société ; il les ignore tout bonnement, en refusant de s'autocensurer. Il est imaginatif, créatif, spontané, débrouillard et séducteur. Mais son pragmatisme et le manque de stabilité le font souvent passer de l'enthousiasme le plus total à l'abattement le plus complet. De ce fait, il peut être un bon commercial, un bon animateur... à condition d'être entouré, voire contrôlé. Il a souvent une âme d'artiste.

Vos réactions aux résultats

Le questionnaire ne s'arrête pas aux résultats. Ceux-ci sont avant tout destinés à vous permettre de mieux vous connaître ! Il est donc important que vous preniez le temps d'apprécier les résultats obtenus et d'analyser les réactions qu'ils suscitent en vous.

Ne négligez pas cette phase de réflexion et d'introspection qui vous sera utile par la suite pour identifier vos atouts.

Êtes-vous d'accord avec vos résultats ? Pourquoi ?

✍ ....

....

....

....

....

....

....

....

....

....

....

....

....

....

....

....

....

....

....

....

....

Quels exemples pouvez-vous donner à l'appui de vos réactions ?

✍ Avoir des objectifs clairs
J'aime le travail bien fait
Adaptabilité
Travail équipe

CHAPITRE 3

VOTRE CARACTÈRE

Au programme

- Le questionnaire d'autoévaluation
- Les résultats
- Les composantes de votre caractère
- Vos réactions aux résultats

Dans la vie professionnelle comme dans la vie privée, le caractère influe sur la façon de raisonner, d'agir, de se comporter avec autrui. En retour, les collègues, les supérieurs hiérarchiques, les collaborateurs, les clients, les fournisseurs se comportent différemment selon l'idée qu'ils se font du caractère de leur interlocuteur. Quel est votre caractère ?

Le chapitre est organisé en quatre étapes. Répondez au questionnaire, puis définissez votre profil à l'aide de la grille de résultats. Vous trouverez ensuite des explications générales sur les différents traits de caractère et des explications spécifiques pour votre profil. Enfin, il est important que vous preniez le temps de réagir aux résultats que vous avez obtenus et à la définition du profil qui vous est attribué. Vos appréciations argumentées vous seront en effet utiles pour la construction de votre bilan global.

Le questionnaire d'autoévaluation

Vous trouverez ci-dessous une liste de propositions. Répondez en choisissant entre les options a et b. Certains choix peuvent être difficiles. Il est important d'éviter les abstentions car cela fausserait votre diagnostic.

1. Je préfère :

   a) rester chez moi.

   b) sortir, changer d'endroit.

2. Lorsque je travaille :

   a) rien ne me dérange.

   b) un rien me dérange.

3. Si j'ai tort :

   a) je le reconnais facilement.

   b) je cherche plutôt à le dissimuler ou à l'atténuer.

4. Bien manger, pour moi :

   a) ça n'a pas d'importance.

   b) c'est important.

5. Je rougis :

   a) parfois.

   b) jamais.

6. Je préfère :

   a) les activités individuelles.

   b) les activités collectives.

7. Je suis en retard à mes rendez-vous :

   a) souvent.

   b) rarement.

8. Si un objet me plaît dans un magasin, je l'achète :

   a) aussitôt.

   b) après réflexion et comparaison.

9. Si j'échoue à un contrôle, une compétition :

   a) je suis momentanément démoralisé.

   b) je m'entraîne davantage.

10. Quand j'écoute un discours, je suis attentif :

   a) uniquement à l'orateur.

   b) à tout ce qui se passe dans la salle.

11. J'ai le sens de l'orientation :

   a) oui.

   b) non.

12. Je crois aux phénomènes paranormaux (spiritisme, voyance...) :

   a) oui.

   b) non.

13. En dehors de mes études ou de mon travail, j'ai des passions qui me prennent beaucoup de temps :

   a) oui.

   b) non.

14. Je préfère :

   a) assister à un spectacle, un match.

   b) participer à un spectacle, un match.

15. Lorsque mes proches (parents, collègues...) me donnent des conseils pour mes études ou mon travail :

   a) cela me fait plaisir.

   b) cela m'irrite.

16. J'attache de l'importance à ma tenue vestimentaire :

   a) oui.

   b) non.

17. Un bruit soudain me fait sursauter :

   a) non.

   b) oui.

18. Je préfère :

a) travailler en équipe.

b) travailler individuellement.

19. Je prête facilement (disques, livres, vêtements, argent…) :

a) oui.

b) non.

20. Si je me fâche avec mes amis :

a) c'est réfléchi et définitif.

b) c'est sur un coup de tête et momentané.

21. Lorsque je lis :

a) je me concentre facilement.

b) j'ai tendance à la rêverie.

22. En dehors de mes études ou de mon travail, j'ai :

a) beaucoup de centres d'intérêt.

b) peu de centres d'intérêt.

23. Je me souviens de l'apparence des gens (coiffure, vêtements, bijoux…) :

a) difficilement.

b) facilement.

24. Je préfère les histoires :

a) réalistes.

b) imaginaires.

25. Je préfère les distractions :

a) mobiles (sport, aérobic, yoga, danse…).

b) statiques (lecture, échecs, bridge, scrabble…).

26. Pour apprendre :

a) je m'impose un rythme régulier.

b) j'ai un rythme irrégulier.

27. En cas de problème avec quelqu'un, j'en parle à la personne concernée :

a) directement et avec franchise.

b) indirectement et avec diplomatie.

28. Je suis sensible à la présentation des choses (bel emballage, beau papier à lettres, beau flacon à parfum, belle carrosserie de voiture...) :

a) assez.

b) peu.

29. Il m'arrive de pleurer en regardant un film ou un reportage à la télé, en lisant un poème ou un roman, en écoutant une chanson ou un discours... :

a) oui.

b) non.

30. En société, je suis :

a) plutôt souriant.

b) plutôt grave.

31. J'aide les autres :

a) surtout de ma propre initiative.

b) surtout à leur demande.

32. Quand j'organise une activité (vacances, soirée...) :

a) je prépare tout à l'avance dans les moindres détails.

b) je préfère improviser le moment venu.

33. Pour résoudre un problème qui me semble très difficile :

a) j'abandonne rapidement.

b) je m'acharne aussi longtemps qu'il le faut.

34. À l'approche d'un examen ou d'un entretien important :

a) je ne pense qu'à cela.

b) cela ne m'empêche pas de penser à autre chose.

35. Je suis capable de reconnaître facilement une odeur, un son, un goût :

a) oui.

b) non.

36. Je m'intéresse à mon horoscope :

a) oui.

b) non.

37. J'aime faire la grasse matinée :

a) oui.

b) non.

38. Quand je prends les transports en commun :

a) je regarde les autres ou songe à diverses choses.

b) je lis ou écris.

39. J'aime les sports violents (karaté, boxe, rugby, corrida...) :

a) non.

b) oui.

40. J'apprécie le confort (d'un siège, d'une pièce, d'une voiture...) :

a) beaucoup.

b) peu.

41. Dans une discussion contradictoire, je m'emporte :

a) rarement.

b) souvent.

42. Pour mes vacances, je préfère des lieux :

a) déserts.

b) animés.

43. J'écoute mon interlocuteur :

a) en l'interrompant souvent.

b) sans l'interrompre.

44. Je m'emballe parfois pour certaines causes ou activités et je m'en détourne aussi subitement :

a) oui.

b) non.

45. Quand cela est nécessaire :

a) je sais dire « non ».

b) il m'est difficile de dire « non ».

46. J'aime sortir de mon cercle habituel d'amis :

a) oui, assez.

b) non, pas tellement.

47. Même longtemps après, je reconnais facilement les gens :

a) non.

b) oui.

48. Je crois aux rêves prémonitoires :

a) oui.

b) non.

49. En vacances :

a) je cherche surtout à me reposer.

b) j'ai des tas d'activités.

50. Pour travailler, je me mets dans le bain :

a) tout de suite.

b) après un temps d'adaptation.

51. Je joue :

a) en faisant tout mon possible pour gagner.

b) surtout pour m'amuser.

52. J'attache de l'importance aux couleurs, aux éclairages, aux ambiances :

a) beaucoup.

b) peu.

53. Je suis angoissé à l'idée d'avoir un entretien d'évaluation ou de passer un concours :

a) oui.

b) non.

54. Je m'attendris sur le malheur des autres :

a) assez.

b) rarement.

55. Quand je fais la queue (pour un musée, un téléski…), j'essaie de passer devant les autres :

a) parfois.

b) jamais.

56. Si l'on me vexe, je réagis :

a) immédiatement, à chaud.

b) plus tard, à froid.

57. Je suis capable de me fixer un programme (pour un entraînement physique, un régime alimentaire…) et de le suivre jusqu'au bout :

a) oui.

b) non.

58. Si je prends connaissance de certaines informations irréfutables qui contredisent mes convictions, je modifie mon point de vue :

a) assez facilement.

b) difficilement.

59. Je suis bricoleur :

a) oui.

b) non.

60. Je préfère les jeux :

a) de réflexion (échecs, go, dames, bridge…).

b) d'intuition ou de hasard (poker, loto, PMU…).

61. Quand je suis assis devant mon bureau, j'éprouve le besoin de bouger sur mon siège ou de me déplacer de temps en temps dans la pièce :

a) oui.

b) non.

62. Lorsque je révise pour un exposé ou un examen, je m'y prends :

a) au dernier moment.

b) à l'avance.

63. J'ai mon franc-parler et j'appelle un chat un chat :

a) non ou exceptionnellement.

b) toujours ou souvent.

64. Je suis attentif à mon physique (poids, coiffure, peau, ongles...) :

a) peu.

b) beaucoup.

65. Quand je dois parler en public, il m'arrive d'avoir le trac :

a) pas du tout ou un peu.

b) beaucoup.

66. Si l'on me présente quelqu'un (dans mon milieu familial, amical, scolaire...), je fais un effort pour entamer la conversation :

a) rarement.

b) souvent.

67. Dans mes discussions avec un ami, je parle surtout :

a) de moi.

b) de lui.

68. J'achève habituellement ce que j'ai commencé :

a) oui.

b) non.

69. Si j'ai promis de réaliser quelque chose et si, la veille, je me rends compte que je n'ai rien préparé :

a) je trouve qu'il est plus raisonnable de renoncer.

b) je passe une nuit blanche pour tenir mes engagements.

70. J'ai des centres d'intérêt nombreux et diversifiés :

a) plutôt non.

b) plutôt oui.

71. Je suis très observateur :

a) non.

b) oui.

72. Si je dois faire des impasses pour réviser des matières ou le code du permis de conduire, ce serait en fonction :

a) de ma réflexion.

b) de mon intuition.

Les résultats

Comparez la liste de vos réponses et les listes qui suivent. Cochez uniquement les cases dont les numéros de proposition sont associés à l'option que vous avez choisie. Comptez un point par case cochée. Notez le total obtenu pour chaque ligne dans la colonne de droite.

Vitalité	1 b	13 a	25 a	37 b	49 b	61 a	
Activité	2 a	14 a	26 a	38 b	50 a	62 b	
Combativité	3 a	15 b	27 a	39 b	51 a	63 b	
Sensorialité	4 b	16 a	28 a	40 b	52 a	64 b	
Émotivité	5 a	17 b	29 a	41 b	53 a	65 b	
Non-émotivité	5 b	17 a	29 b	41 a	53 b	65 a	
Sociabilité	6 b	18 a	30 a	42 b	54 a	66 b	
Allocentrisme	7 b	19 a	31 a	43 b	55 b	67 b	6
Primarité	8 a	20 b	32 b	44 a	56 a	68 b	
Secondarité	8 b	20 a	32 a	44 b	56 b	68 a	
Énergie psychique	9 b	21 a	33 b	45 a	57 a	69 b	
Champ de conscience large	10 b	22 a	34 b	46 a	58 a	70 b	
Champ de conscience focalisé	10 a	22 b	34 b	46 b	58 b	70 a	
Intelligence concrète	11 a	23 b	35 a	47 b	59 a	71 b	6
Intelligence rationnelle	12 b	24 a	36 b	48 b	60 a	72 a	
Intelligence intuitive	12 a	24 b	36 a	48 a	60 b	72 b	

Les composantes de votre caractère

La caractérologie ne vise pas à étudier l'ensemble de la personnalité mais seulement les propriétés fondamentales du caractère. La caractérologie est l'étude du caractère qui est le noyau de la personnalité. Sur cette première composante, transmise par les gènes, la vie a déposé d'autres couches qui résultent de l'acquis de l'individu, de son évolution, de sa santé, de son enfance, des traumatismes et succès de sa vie, de son éducation, de sa profession, des décisions qu'il a prises…

Chaque personnalité est composée de l'organisation :

- des facultés cognitives : connaissance, perception, intelligence, mémoire ;
- des facultés affectives : vie émotionnelle, sentiments ;
- des facultés conatives : phénomènes de volonté ou d'efforts volontaires ;
- des facultés physiques : types nerveux, tempérament, corps.

Le questionnaire d'autoévaluation proposé précédemment porte sur dix-sept dispositions fondamentales du caractère, mises en évidence par divers auteurs :

- l'activité, l'émotivité, la non-émotivité, la primarité, la secondarité (Otto Gross[1], Gérard Heymans[2], Enno Wiersma, René Le Senne[3]) ;
- le champ de conscience large, le champ de conscience focalisé, la combativité, la réceptivité, la sensorialité (Gaston Berger[4]) ;
- la vitalité, la sociabilité, l'allocentrisme, l'énergie psychique, l'intelligence concrète, l'intelligence rationnelle, l'intelligence intuitive (Robert Denis & Simone Torkomian[5]).

1. Gross, Otto, *Die zerabrale Sekundärfunktion*, Leipzig, 1902.
2. Heymans, Gérard, *Über einige psychische Korrelationen*, Zeitschrift für angewandte Psychologie, 1908.
3. Le Senne, René, *Traité de caractérologie*, PUF, 1949.
4. Berger, Gaston, *Traité pratique d'analyse du caractère*, PUF, 1967.
5. Denis, Robert, et Torkomian, Simone, *La Caractérologie au service de l'entreprise*, Éditions d'Organisation, 1966.

L'importance à accorder à chaque trait de caractère varie en fonction de deux éléments :

- le poste recherché : par exemple, une forte vitalité peut être un avantage dans certaines professions exigeant de la mobilité et un inconvénient dans celles qui nécessitent de la stabilité ;
- le total obtenu pour un trait de caractère. Si le total obtenu est proche de la note extrême 6, cela signifie que ce trait de caractère est fortement ancré et qu'il est probablement dominant. À l'inverse, si le total obtenu est proche de 0, ce trait de caractère est insignifiant ou absent. D'autre part, si le total obtenu est plus proche de la moyenne, il faut relativiser et s'approprier modérément les commentaires liés à la disposition concernée. Par exemple, des notes proches de la moyenne à la fois en émotivité et en non-émotivité signifient que, selon les circonstances, les deux traits de caractère sont utilisés, ce qui n'est pas antinomique.

La vitalité

La vitalité correspond à l'intensité de vie. Elle sous-entend :

- la résistance à la fatigue (indispensable pour les métiers qui exigent des efforts physiques importants) ;
- la mobilité (indispensable pour les métiers qui demandent constamment des déplacements et de la disponibilité) ;
- l'optimisme (indispensable pour les métiers qui nécessitent de combattre régulièrement le découragement).

L'activité

L'activité est la faculté d'agir, de réaliser, de faire ce qui est obligatoire, de chercher les prolongements d'un travail. L'actif est dynamique, entreprenant, travailleur et appliqué.

La combativité

La combativité envers les autres est fondée sur l'instinct de conquête et le besoin d'affirmation de soi. C'est incontestablement une aptitude au commandement si elle est associée à de la présence et à une autorité naturelle. Toutefois, le combatif manque parfois d'un peu de souplesse et de diplomatie.

La sensorialité

C'est la disposition à utiliser ses cinq sens pour rechercher le contact avec la matière, soit pour la façonner, soit pour éprouver des sensations. La sensorialité, en s'appuyant sur la perception, assure le contact avec le réel et les objets. Elle peut déterminer l'habileté manuelle, le goût du bricolage, les techniques d'application, le sens esthétique.

L'émotivité

C'est la propension à l'excitation du conscient en raison de l'intensité ou de la répétition des stimulants. Elle amplifie l'ensemble des réactions et crée un décalage entre l'apparence et la réalité.

La non-émotivité

C'est la propension à l'inhibition du conscient en raison de l'abaissement du seuil de la sensibilité. Elle se caractérise par :

- une sensibilité contenue qui permet d'envisager les choses et d'affronter les discussions avec calme ;
- une maîtrise de soi qui garantit le sang-froid ;
- une égalité d'humeur qui assure la sérénité à l'égard de tout et de tous.

La sociabilité

C'est l'aptitude à entrer facilement en contact avec les autres, le public, les clients, les prospects. Elle se marque par :

- l'adaptation au milieu, l'intégration dans un groupe ;
- le comportement social, qui va de l'amabilité plus ou moins sincère ou calculée à la discourtoisie en passant par l'attitude distante ;
- l'esprit de coopération ;
- le savoir-vivre, fait de tact et d'esprit d'à-propos, qui contraste avec la nature envahissante et gaffeuse de certains importuns.

L'allocentrisme

Opposé à l'égocentrisme, l'allocentrisme est la faculté de considérer les autres, non de son propre point de vue, mais de leur point de vue. C'est, par conséquent, la capacité (qui peut être intéressée) à se mettre à la place des autres, à penser et à agir en fonction d'eux.

Deux formes de réactivité

- On appelle *primarité* l'attitude de réponse immédiate et passagère aux excitations internes ou externes. Du point de vue physique, la primarité implique rapidité d'action, vivacité de gestes et de mouvement, réponse immédiate aux sollicitations du moment. Dans les relations sociales, la primarité donne une promptitude de réaction, un esprit de repartie, un caractère primesautier et souvent impulsif. Intellectuellement, elle favorise la rapidité d'idées et de concepts, mais elle incline aussi à la superficialité si elle n'est pas suffisamment compensée par la secondarité.
- La *secondarité* caractérise l'attitude de réponse différée et persistante aux excitations internes ou externes. Du point de vue physique, la secondarité est un facteur de retenue, de frein, de retard même dans l'action et le mouvement. Dans le comporte-

ment social, la secondarité donne plus de réserve et de méfiance que de spontanéité. De plus, le secondaire prend tout au sérieux, s'appuie sur des principes et tente de s'y conformer. Sur le plan intellectuel, la secondarité peut signifier, suivant les cas, réflexion et approfondissement des questions ou lenteur et manque d'aisance dans le maniement des idées.

L'énergie psychique

C'est la capacité à mettre en œuvre des forces mentales de résistance ou d'action. C'est la composante majeure de la volonté. Elle est la condition même des progrès et des réussites. Il s'agit d'une énergie vis-à-vis des autres et des choses, mais surtout vis-à-vis de soi-même.

Le champ de conscience

- Un *champ de conscience large* repose sur l'aptitude à percevoir simultanément un grand nombre de phénomènes avec l'avantage de l'ouverture d'esprit et l'inconvénient de la dispersion mentale. Ceux qui disposent de cette aptitude sont généralement plus intuitifs, ont plus d'imagination. S'ils sont suffisamment rationnels, ils peuvent concevoir des plans qui vont au-delà du présent et permettent de parer à l'imprévu. Ils ont tendance à se disperser intellectuellement, à se laisser aller à la rêverie et à la distraction, sauf si leur énergie psychique et leur activité sont fortes. Ils ont souvent besoin d'évasion et de violons d'Ingres. Leurs gammes de possibilités professionnelles sont étendues et ils sont peu axés vers un métier déterminé.
- Un *champ de conscience focalisé* traduit l'aptitude à n'apercevoir simultanément qu'un petit nombre de phénomènes. Cette aptitude présente l'avantage de la faculté de concentration mais aussi le risque d'une certaine étroitesse d'esprit. La focalisation du champ de conscience est un facteur de réussite dans les métiers administratifs et techniques. Avec une bonne intelligence ration-

nelle, elle fortifie la faculté d'analyse et donne de la précision à la pensée. Sinon, elle se réduit au souci d'exactitude dans les détails, qualité d'ailleurs fort précieuse.

Les différentes formes d'intelligence

- *L'intelligence concrète* est l'aptitude à utiliser les données des sens pour établir des rapports sans faire intervenir l'abstraction. C'est donc une intelligence pratique qui caractérise les gens qui ont « les pieds sur terre » mais qui, s'ils n'ont que cette forme d'intelligence, restent souvent au stade de l'exécution. L'intelligence concrète permet d'assimiler facilement les données concrètes, notamment l'apprentissage des travaux manuels. Ceux qui en sont pourvus, s'ils ne sont pas faits pour les initiatives hardies et les grands desseins, peuvent faire face aux situations les plus imprévues, car ils sont débrouillards et savent tirer parti de tout ce qui est à leur portée. Ce sont essentiellement des pragmatiques, de bons techniciens, des comptables appliqués, des commerçants habiles, des artistes, des chirurgiens…
- *L'intelligence rationnelle* est l'aptitude à rassembler les souvenirs et les observations pour établir des rapports d'une façon logique par analyse et synthèse, déduction et induction. C'est une forme d'intelligence caractéristique de l'organisateur qui planifie son travail, son service, son entreprise, avec réalisme (s'il a une bonne dose d'intelligence concrète), avec des projections sur l'avenir (s'il est aussi doué d'intelligence intuitive). S'il est focalisé, il a des qualités de rigueur dans l'analyse et des aptitudes à la gestion administrative et financière.
- *L'intelligence intuitive* est l'aptitude à utiliser les données immédiates de la conscience pour établir des rapports sans l'intervention de la réflexion. C'est une intelligence créatrice qui mène à la faculté d'innovation, à l'absence de conformisme, à l'esprit d'invention, aux progrès les plus spectaculaires.

Vos réactions aux résultats

Le questionnaire ne s'arrête pas aux résultats. Ceux-ci sont avant tout destinés à vous permettre de mieux vous connaître ! Il est donc important que vous preniez le temps d'apprécier les résultats obtenus et d'analyser les réactions qu'ils suscitent en vous.

Ne négligez pas cette phase de réflexion et d'introspection qui vous sera utile par la suite pour construire votre bilan.

Êtes-vous d'accord avec vos résultats ? Pourquoi ?

✍ ....

....

....

....

....

....

....

....

....

....

....

....

....

....

....

Quels exemples pouvez-vous donner à l'appui de vos réactions ?

PARTIE 2

DÉFINISSEZ VOTRE PROFIL PROFESSIONNEL

Cette deuxième étape vous permettra de vous tester sur cinq qualités requises à des degrés divers dans la plupart des professions, à savoir la prise d'initiative, les qualités de négociation, la communication, l'organisation, et le style de management. Comme dans la première partie, les chapitres suivent quatre étapes, de l'autoévaluation à l'appréciation critique des résultats.

CHAPITRE 4

VOTRE ESPRIT D'INITIATIVE

Au programme

- **Le questionnaire d'autoévaluation**
- **Les résultats**
- **Les quatre styles d'esprit d'initiative**
- **Vos réactions aux résultats**

Dans la vie professionnelle, il est souvent nécessaire de prendre des initiatives, d'innover, de résoudre des problèmes face à des situations nouvelles, dans des entreprises en perpétuelle mutation. Quel est votre style d'initiative ?

Comme la première partie, le chapitre est organisé en quatre étapes. Répondez au questionnaire, puis définissez votre profil à l'aide de la grille de résultats. Vous trouverez ensuite des explications générales sur les différents styles d'esprit d'initiative et des explications spécifiques pour votre profil. Enfin, il est important que vous preniez le temps de réagir aux résultats que vous avez obtenus et à la définition du profil qui vous est attribué. Vos appréciations argumentées seront en effet utiles pour la construction de votre bilan global.

Le questionnaire d'autoévaluation

Le questionnaire suivant évoque huit situations liées à l'esprit d'initiative ou au lancement de projet. Chacune de ces situations est développée en cinq propositions. Chacune de ces propositions devra être notée 0, 1, 2 ou 3 selon l'échelle suivante :

- 0 quand elle ne s'applique pas du tout à votre manière d'aborder vos projets ;
- 1 quand elle s'applique peu à votre manière d'aborder vos projets ;
- 2 quand elle s'applique assez bien à votre manière d'aborder vos projets ;
- 3 quand elle s'en rapproche tout à fait.

Attention !

Les instructions diffèrent des questionnaires précédents. Vous pouvez attribuer la même note aux cinq propositions ou à certaines d'entre elles. Vous n'êtes pas obligé d'utiliser tout l'éventail des notes. En revanche, toutes les propositions doivent être notées.

1. Au moment de lancer un projet (création d'activité, voyage, immobilier, projet professionnel…) :

    2 a) Mon projet demande des mises au point techniques.

    2 b) Le montage de mon projet implique un faible investissement de départ.

    3 c) J'ai effectué une étude de marché avant de me lancer dans mon projet.

    2 d) La concurrence sur le créneau que j'ai choisi est faible.

    2 e) Mon projet concerne un public bien défini.

2. Du côté de vos finances :

    3 a) J'aime gagner mon argent.

    2 b) J'ai une aisance certaine face à un banquier lorsqu'il faut négocier un taux d'intérêt.

    3 c) Je gère mon budget, si modeste soit-il.

    1 d) Quand j'ai des problèmes d'argent, je me débrouille pour trouver vite un petit boulot.

    1 e) Avant même de gagner de l'argent, je sais déjà comment le dépenser.

3. En société ou dans une équipe de travail :

2 a) J'ai le sens de l'humour.

2 b) Je suis parfaitement à l'aise avec les gens qui ont réussi mieux que moi.

3 c) J'ai une bonne mémoire des noms.

2 d) Je sais motiver les autres.

3 e) Je sais écouter.

4. Avez-vous confiance en vous ?

3 a) Je sais me contrôler.

2 b) Je suis ambitieux.

3 c) J'aime les défis, les challenges.

2 d) Je ne crains pas d'affronter les situations inconnues.

2 e) J'ai de la fierté.

5. Le goût du risque :

2 a) J'ai plus la mentalité d'un joueur de jeu de hasard que celle d'un joueur de jeu de réflexion.

1 b) Je suis opportuniste dans tous les sens du terme.

2 c) Je n'ai pas peur de l'échec.

3 d) Je suis prêt à soulever des montagnes lorsque je crois à mes idées.

3 e) J'aime découvrir de nouveaux domaines, aborder de nouveaux sujets.

6. Question de pugnacité :

2 a) Je suis têtu.

2 b) Pour atteindre un objectif, je suis capable de me priver, de souffrir.

1 c) J'ai plus une mentalité de coureur de fond que de sprinteur.

3 d) Je considère qu'il ne faut jamais rester sur un échec, quitte à recommencer plusieurs fois la même chose.

2 e) Il faut savoir faire des sacrifices pour réussir sa vie professionnelle.

7. Votre créativité :

a) Je suis plus intuitif que logique.

b) Je suis curieux.

c) J'aime le changement.

d) Les problèmes un peu ardus excitent ma curiosité.

e) J'aime bien sortir des sentiers battus.

8. L'autodiscipline :

a) Je m'efforce de gérer mon temps de sommeil.

b) Je refuse de remettre au lendemain ce que je peux faire le jour même.

c) Je m'efforce de corriger mes erreurs.

d) Je suis capable de travailler aussi longtemps que possible pour mener à bien un projet.

e) Lorsque j'ai un projet, je m'efforce toujours d'envisager toutes les conséquences possibles de mes actes.

Les résultats

Reprenez les notes que vous avez attribuées à chaque proposition et additionnez-les. La somme représente le total de vos points « initiative ».

- Si votre score se situe de 120 à 90, vous vous rattachez au style *Aventurier*.
- Si votre score se situe de 89 à 60, vous vous rattachez au style *Réaliste*.
- Si votre score se situe de 59 à 30, vous vous rattachez au style *Prudent*.
- Si votre score se situe en dessous de 30, vous vous rattachez au style *Rêveur*.

Les quatre styles d'esprit d'initiative

L'esprit *aventurier*

Vous êtes enthousiaste, fougueux, peut-être un peu trop ! Vous voyez dans les chefs d'entreprise les plus médiatiques les nouveaux héros ! Ils font du business mais aussi du show-business. Bernard Cathelat[1] va même jusqu'à rattacher ce profil à ceux qu'il nomme « les égocentrés », mus par la recherche du plaisir, fascinés par le star system et la société de consommation… Vous rêvez de l'eldorado de la réussite, de l'éden de la richesse. Pour éviter de vous laisser emporter imprudemment dans vos projets, soyez attentif à vos scores dans les domaines suivants :

- votre créativité, si elle est débordante risque de se transformer en hyperactivité, synonyme d'instabilité et de dispersion ;
- votre pugnacité, si elle est excessive, peut tendre à l'obstination et à l'entêtement ;
- votre goût du risque peut entraîner des choix imprudents ;
- la confiance en soi, qui est bonne en elle-même, peut frôler la forfanterie.

L'esprit *réaliste*

Vous avez des aptitudes à la créativité et un certain sens de l'initiative. Dans ce cas, définissez précisément votre projet quel qu'il soit : sportif, culturel, financier… Cernez bien les contraintes, posez les critères de réussite, évaluez les coûts, fixez les échéances. Bref, imposez-vous un plan d'action.

L'esprit *prudent*

Vous pesez le pour et le contre et hésitez longuement avant d'exploiter vos idées. Vous oscillez perpétuellement entre l'enthousiasme et la remise en question. Vous avez besoin d'expérimenter

1. Cathelat, Bernard, *Styles de vie*, Éditions d'Organisation, 1985.

pour vous rassurer. Un conseil : accordez-vous un temps limite de réflexion pour prendre votre décision, puis passez à l'action !

L'esprit *rêveur*

Vous laissez volontiers vagabonder votre imagination. Vous n'avez pas spécialement envie de faire la démarche de vendre votre projet, de convaincre vos interlocuteurs. Vous avez des idées, mais vous n'êtes pas encore en mesure de faire le tri entre les bonnes et les mauvaises. Vous avez besoin d'un « coup de pouce » pour passer à l'action : celui-ci peut venir de vous-même si vous réfléchissez à vos motivations, ou bien peut-être avez-vous besoin de discuter de vos idées avec un membre de votre entourage qui saura vous écouter et vous encourager…

Vos réactions aux résultats

Le questionnaire ne s'arrête pas aux résultats. Ceux-ci sont avant tout destinés à vous permettre de mieux vous connaître ! Il est donc important que vous preniez le temps d'apprécier les résultats obtenus et d'analyser les réactions qu'ils suscitent en vous.

Ne négligez pas cette phase de réflexion et d'introspection qui vous sera utile par la suite pour identifier vos atouts.

Êtes-vous d'accord avec vos résultats ? Pourquoi ?

✍ ....

Quels exemples pouvez-vous donner à l'appui de vos réactions ?

✍ ....

....

....

....

....

....

....

....

....

....

....

....

....

....

....

....

....

....

....

....

....

CHAPITRE 5

VOTRE STYLE DE NÉGOCIATION

Au programme

- **Le questionnaire d'autoévaluation**
- **Les résultats**
- **Les quatre profils de négociateur**
- **Vos réactions aux résultats**

Les occasions de négocier sont multiples dans la vie professionnelle, qu'il s'agisse d'un emploi, d'une rémunération, d'une promotion, d'une mutation à obtenir, d'un projet ou d'un dossier à défendre, d'une vente ou d'un achat à discuter… Quel est votre style de négociation ?

Le questionnaire d'autoévaluation

Voici dix situations de négociation. Pour chacune d'entre elles, vous devez classer quatre options a, b, c et d. Répondez spontanément, sans trop réfléchir. À chaque fois, choisissez la déclaration qui vous convient le mieux et donnez-lui 3 points. Donnez 2 points à votre deuxième choix, puis 1 point à votre troisième choix. Au quatrième choix ne correspond aucun point.

Attention !

Traitez chaque situation, l'une après l'autre. Ne faites surtout pas une lecture préalable de l'ensemble, afin de ne pas être influencé.

1. Vous avez mis en vente un bien immobilier (appartement, terrain, villa...). Vous vous apprêtez à refuser une offre jugée trop basse. Que dites-vous à la personne qui a fait cette offre ?

   a) Les chiffres sont les chiffres. Votre offre est trop basse par rapport aux prix du marché.

   b) Votre offre est totalement inacceptable, voire scandaleuse.

   c) Sans doute votre offre est-elle liée à une méconnaissance du marché ? Les prix ont considérablement augmenté, surtout dans ce secteur.

   d) J'aurais souhaité conclure cette affaire avec vous, car vous m'êtes très sympathique. Mais il faut que vous fassiez un gros effort !

2. Vous devez acheter trois ordinateurs pour le club dont vous faites partie. Vous essayez d'obtenir une réduction de 10 %. Que dites-vous au vendeur ?

   a) Vous savez que je préfère acheter chez vous. Mais vous devez m'aider en faisant un petit geste commercial.

   b) C'est clair. Si vous voulez cette commande, il faut faire un effort. Sinon, je passe à la concurrence.

   c) Écoutez, j'ai fait un comparatif complet à l'intention des membres de mon club. Vos confrères lâchent entre 7 % et 9 %. Je dois justifier mon choix.

   d) Notre petit club deviendra grand. Donnez-nous un petit coup de pouce, nous ne l'oublierons pas.

3. Vous avez une proposition d'emploi. Le poste correspond à ce que vous recherchez. Les autres propositions sont beaucoup moins intéressantes. Toutefois vous espériez un salaire supérieur. Que dites-vous à votre potentiel employeur ?

   a) Je ne peux accepter une telle proposition. Votre offre est ridiculement basse.

   b) Le poste m'intéresse, mais j'espérais un salaire un peu plus élevé. J'ai besoin de réfléchir.

   c) Le poste me séduit. Le contact que j'ai eu avec votre entreprise est excellent. Il suffirait que vous fassiez un petit effort pour que nous signions le contrat.

   d) Il s'agit d'un contrat entre deux parties. Il me semble que, dans les circonstances actuelles, l'une des deux parties est lésée.

4. Votre sœur vous demande de garder ses deux enfants ce soir, en l'absence inopinée de sa baby-sitter, afin qu'elle puisse se rendre à un dîner professionnel. Or, précisément, vous aviez prévu d'aller au restaurant avec des amis. Que lui dites-vous ?

1 a) Je ne suis pas libre ce soir. Tu aurais dû réagir un peu plus tôt.

3 b) J'ai un dîner qui a déjà été reporté trois fois ; il me semble difficile de le compromettre à nouveau !

2 c) Je ne suis pas libre ce soir, mais essaie de contacter Dominique, elle peut sans doute te dépanner.

0 d) Tu sais que tu es ma sœur adorée, mais j'ai un dîner entre amis et les amis c'est très important ; tu le comprends certainement.

5. Votre banque ne veut pas vous accorder une autorisation de découvert d'un montant de 1 500 euros. Si elle ne cède pas, vous serez prochainement dans une situation très inconfortable. Vous insistez :

2 a) C'est très simple. Si vous ne me donnez pas satisfaction, je retire mon compte.

0 b) Cela vous apportera des agios. En outre, nous avons toujours eu des relations de confiance.

1 c) Dans votre publicité, votre banque prétend être à l'écoute du client. C'est le moment de le prouver.

3 d) Je pense que l'autorisation que je demande est très raisonnable. En ce sens, vos risques sont très limités.

6. Votre voisin vend l'objet de vos rêves (voiture, bijou, tableau, meuble...). Il a déjà trouvé un acquéreur. Or, vous savez qu'il vous faudra, quant à vous, au moins huit semaines pour réunir les fonds... Que lui dites-vous ?

2 a) J'admire cet objet depuis toujours. Vous l'avez tellement bien entretenu. Patientez un peu, je trouverai l'argent.

0 b) Vous m'aviez promis de penser à moi lorsque vous le vendriez. Vous ne pouvez pas me faire ce coup-là.

1 c) Un tel objet ne peut être digne que d'un amateur. Or, vous le savez, je suis cet amateur.

3 d) Je peux avoir les fonds dans quelques semaines, mais j'y verrai déjà plus clair dans une dizaine de jours. Pouvez-vous patienter dix jours ?

7. Vous passez un entretien de motivation dans une entreprise. Vos interlocuteurs vous disent : « Vendez-vous ! » Quelle est votre réaction ?

   a) Je pense qu'un candidat n'est pas un produit et, en ce sens, je ne suis pas à vendre.

   b) Je souhaite m'intégrer à une entreprise d'une renommée aussi prestigieuse que la vôtre.

   c) Comme vous le faisiez remarquer tout à l'heure, votre entreprise est dynamique. Aussi vais-je essayer de contribuer à ce dynamisme au travers de mes missions futures.

   d) Je vais essayer, sinon de me vendre, du moins de montrer en quoi le profil qui est le mien peut répondre aux besoins d'une entreprise comme la vôtre.

8. Vous avez travaillé, il y a quatre mois, en tant que vacataire pour une petite société. Celle-ci n'a toujours pas réglé votre prestation. Comment vous y prenez-vous pour réclamer votre dû ?

   a) Mon courrier précédent étant resté sans réponse, je me permets de vous rappeler que vous n'avez toujours pas réglé ma prestation.

   b) C'est sans doute une omission de votre part et j'aimerais que vous la répariez au plus vite.

   c) Vous devez régler sous huitaine ma prestation sinon je n'hésiterai pas à entamer des poursuites.

   d) En dépit de toute l'estime que j'ai à l'égard de votre entreprise, je me permets de me rappeler à votre bon souvenir.

9. Vous avez fait effectuer des travaux dans votre nouvel appartement. L'entreprise a trois semaines de retard et c'est loin d'être terminé. Comment exprimez-vous votre insatisfaction ?

   a) Ce retard est inacceptable. Je ne réglerai pas le solde.

   b) Je suis prêt à vous accorder une semaine supplémentaire. Je comprends vos difficultés, mais mettez-vous à ma place.

   c) Terminez au plus vite sinon je ferai appliquer des pénalités de retard !

   d) La gestion du planning dans une entreprise du bâtiment n'est certes pas aisée mais elle ne vous dispense pas de respecter vos engagements.

10. Vous avez commandé un véhicule (voiture, moto, mobylette...) pour vous rendre à votre lieu de travail dès le mois prochain. Au moment de régler des arrhes, le vendeur vous signale que la livraison ne pourra se faire avant quatre mois. Quelle est votre réaction ?

0 a) Bon, dans ce cas, c'est inutile d'aller plus loin. Nous perdons notre temps.

1 b) Pouvez-vous me donner les motifs de cette attente ? Peut-être trouverons-nous une solution ?

3 c) Je ne vous comprends pas. Cela fait deux heures que vous essayez de me convaincre de commander ce modèle. Maintenant que je suis convaincu, vous n'allez pas renoncer pour de petits problèmes de livraison.

2 d) J'aurais tout de même cru que vous seriez plus compréhensif. C'est le premier véhicule de cette marque que j'achète. J'en ai besoin dès le mois prochain et je suis déçu.

Les résultats

Dans un premier temps, notez, pour chaque situation, le nombre de points que vous avez attribués à chaque lettre. Calculez ensuite la somme de vos points par colonne.

Situations	Styles			
	Autoritaire	**Rationnel**	**Charmeur**	**Bavard**
01	b = 0	a = 3	d = 1	c = 2
02	b = 1	c = 3	a = 2	d = 0
03	a = 0	b = 2	c = 3	d = 1
04	a = 1	c = 2	d = 0	b = 3
05	a = 2	d = 3	b = 0	c = 1
06	b = 0	d = 3	a = 2	c = 1
07	a = 0	d = 2	b = 1	c = 3
08	c = 0	a = 2	b = 3	d = 1
09	a = 1	c = 2	b = 0	d = 3
10	a = 0	b = 1	d = 2	c = 3
Total :	Total : 5	Total : 23	Total : 14	Total : 18

Les quatre profils de négociateur

Quelle que soit la diversité des négociations (diplomatiques, commerciales, politiques, sociales), il est possible de rapporter les comportements des négociateurs à quatre grands types de profils :

- le profil *autoritaire* ;
- le profil *rationnel* ;
- le profil *charmeur* ;
- le profil *bavard*.

Le profil *autoritaire*

Vous comptez sur votre pugnacité et votre force de conviction pour imposer vos vues à autrui. Cela peut vous permettre de gagner du temps en allant droit au but. Toutefois, vous risquez, le plus souvent, d'engendrer chez votre interlocuteur un sentiment de rancœur, de frustration. Vous auriez intérêt à vous inspirer de la stratégie du jeu de go. D'origine asiatique, cette stratégie vise à encercler l'adversaire, à réduire son pouvoir en agissant sur ses points faibles, sans pour autant l'anéantir.

Le profil *rationnel*

Vous essayez de traduire, en termes mesurables, quantifiables, tangibles, les situations auxquelles vous êtes confronté, et vous mettez entre parenthèses toutes les considérations affectives. Pour cette raison-là, on peut vous taxer de froideur. Vous êtes perçu comme quelqu'un d'efficace, d'objectif, de rigoureux, mais peu doué en relationnel.

Le profil *charmeur*

Votre principal moteur est d'ordre affectif. C'est un besoin de reconnaissance. Vous voulez être aimé, apprécié. Dans certains cas, cela peut vous conduire à user de manipulation, voire de démagogie (abonder dans le sens de votre interlocuteur pour vous en faire apprécier et tenter ensuite de le manipuler à vos propres fins). Dans d'autres cas, vous serez vous-même manipulé par un plus doué que vous. Vous risquez d'être pris à votre propre jeu. Si un score élevé dans la colonne « charmeur » s'accompagne d'un score élevé dans la colonne « bavard », vos tendances à la démagogie seront d'autant plus marquées.

Le profil *bavard*

Vous êtes un beau parleur. Votre éloquence peut parfois aller jusqu'à la grandiloquence, ce qui nuit à l'impression de sérieux. Vos talents de phraseur pourraient bien se retourner contre vous (c'est l'effet boomerang !). On risque de se méfier de vous parce que vous avez trop de bagout. Un conseil : entraînez-vous à écouter deux fois plus que vous ne parlez !

Vos réactions aux résultats

Le questionnaire ne s'arrête pas aux résultats. Ceux-ci sont avant tout destinés à vous permettre de mieux vous connaître ! Il est donc important que vous preniez le temps d'apprécier les résultats obtenus et d'analyser les réactions qu'ils suscitent en vous.

Ne négligez pas cette phase de réflexion et d'introspection qui vous sera utile par la suite pour identifier vos atouts.

Êtes-vous d'accord avec vos résultats ? Pourquoi ?

✍ ....

....

....

....

....

....

....

....

....

....

....

....

....

....

....

....

....

....

....

....

....

Quels exemples pouvez-vous donner à l'appui de vos réactions ?

✍ ....

....

....

....

....

....

....

....

....

....

....

....

....

....

....

....

....

....

....

....

....

CHAPITRE 6

VOTRE STYLE D'ORGANISATION

Au programme

- **Le questionnaire d'autoévaluation**
- **Les résultats**
- **Les trois types d'organisation**
- **Vos réactions aux résultats**

Dans la vie professionnelle, il est nécessaire d'organiser, mais aussi de s'organiser en fonction d'objectifs et de contextes donnés. Ceci afin de mieux gérer son temps, de maîtriser les délais, les priorités, etc. Quel est votre style d'organisation ?

Le questionnaire d'autoévaluation

Vous trouverez dans ce questionnaire une série de propositions. Répondez spontanément en rayant le mot « vrai » ou « faux » qui ne vous convient pas.

Les vingt premières propositions sont liées à votre organisation dans la vie quotidienne. Les dix dernières s'intéressent à votre conception de l'organisation.

1. J'ai souvent l'impression d'être débordé. .... ☐ Vrai ☐ Faux
2. Ce sont mes erreurs qui m'ont permis de progresser. .... ☐ Vrai ☐ Faux
3. Je me fixe un plan de travail hebdomadaire et je fais le point régulièrement. .... ☐ Vrai ☐ Faux
4. Mon système d'organisation n'est sans doute pas parfait, mais il a le mérite d'exister et d'être personnalisé. .... ☐ Vrai ☐ Faux
5. J'utilise souvent des combines. .... ☐ Vrai ☐ Faux
6. Je ne supporte pas le désordre. .... ☐ Vrai ☐ Faux
7. J'essaie toujours de savoir où se trouvent mes priorités. .... ☐ Vrai ☐ Faux
8. Pour réussir un régime, je suis capable de me fixer des règles de conduite strictes et de les respecter. .... ☐ Vrai ☐ Faux
9. J'essaie toujours de tirer parti des situations dans lesquelles je me trouve. .... ☐ Vrai ☐ Faux
10. Je ne peux accepter un système d'organisation qui ne soit pas le mien. .... ☐ Vrai ☐ Faux
11. Je m'efforce toujours de réfléchir avant d'agir. ..... ☐ Vrai ☐ Faux
12. Mon organisation est logique. Je ne crois pas au désordre organisé. .... ☐ Vrai ☐ Faux
13. Pour moi, le temps dépensé et les efforts fournis comptent plus que les résultats obtenus. .... ☐ Vrai ☐ Faux
14. Je crois surtout à la motivation pour réussir. .... ☐ Vrai ☐ Faux
15. Pour moi, organisation est synonyme de planification. .... ☐ Vrai ☐ Faux
16. La meilleure organisation consiste à s'organiser au coup par coup. .... ☐ Vrai ☐ Faux
17. J'ai renoncé à la plupart de mes activités pour réussir ma vie (professionnelle, scolaire...). .... ☐ Vrai ☐ Faux

18. Je pense avoir trouvé les meilleures méthodes d'organisation qui soient (dans le cadre de mes études, de mon travail...). .... ☐ Vrai ~~☐ Faux~~

19. Bien que naturellement peu organisé, je me suis contraint à appliquer des méthodes pour progresser. .... ~~☐ Vrai~~ ☐ Faux

20. Mon système d'organisation me permet de jongler entre vie privée et vie professionnelle (ou scolaire). .... ☐ Vrai ~~☐ Faux~~

21. Il n'y a pas de bonne méthode d'organisation. Cela dépend de la personnalité de chacun. .... ☐ Vrai ~~☐ Faux~~

22. Seuls les individus sérieux et rigoureux peuvent être organisés. .... ☐ Vrai ~~☐ Faux~~

23. L'organisation nuit nécessairement à la créativité. .... ~~☐ Vrai~~ ☐ Faux

24. Les scientifiques sont mieux organisés que les littéraires. .... ☐ Vrai ~~☐ Faux~~

25. La réussite ne peut passer que par l'organisation. ~~☐ Vrai~~ ☐ Faux

26. Certains principes d'organisation sont valables, quel que soit le contexte, quels que soient les individus. .... ☐ Vrai ~~☐ Faux~~

27. La meilleure organisation consiste à savoir s'adapter et à savoir improviser. .... ☐ Vrai ~~☐ Faux~~

28. L'organisation est souvent impossible dans la vie. .... ~~☐ Vrai~~ ☐ Faux

29. L'organisation est avant tout affaire de volonté. .... ☐ Vrai ~~☐ Faux~~

30. Les systèmes d'organisation ont souvent pour seul but de faire travailler plus. .... ~~☐ Vrai~~ ☐ Faux

Les résultats

Les propositions ont été réparties en 3 catégories. Encerclez les numéros des propositions où vous avez répondu par « vrai », comptez un point par numéro entouré et faites votre total par colonne.

Méthodique	Intuitif	Pragmatique
06	01	02
08	05	03
12	10	04
15	13	07
17	16	09
18	21	11
22	23	14
24	28	19
25	29	20
26	30	27
Total : 6	Total : 5	Total : 9

Les trois types d'organisation

Il ne s'agit pas, dans ce questionnaire, d'évaluer seulement votre aptitude à organiser, mais aussi d'analyser votre conception de l'organisation. Ces deux aspects sont en effet étroitement liés. On peut, en schématisant, retenir trois grands styles d'organisation, ceux-ci ayant un degré variable d'adaptabilité.

Le type *méthodique*

Vous accordez une grande importance à l'ordre. Vous croyez à l'application rigoureuse de méthodes, à la vertu du sacrifice. Vous estimez qu'il existe des recettes en matière d'organisation. En ce sens, vous n'êtes pas totalement opposé au taylorisme : répartition de tâches fragmentées et déresponsabilisation des exécutants. Ce profil va du reste souvent de pair avec un style de leadership autoritaire.

Vous pouvez être efficace lorsque vous travaillez seul. En revanche, vous avez bien du mal à travailler en équipe, car alors vous ne maîtrisez pas la méthode d'organisation globale.

Le type *intuitif*

Vous êtes centré sur l'intuition. Vous croyez beaucoup plus au facteur humain qu'aux « méthodes », que vous jugez volontiers rigides. Vous croyez à la richesse du travail en équipe. Votre style de leadership est d'ordre participatif ou paternaliste. Vous pensez que tout peut se résoudre par le dialogue. Or, dans certains cas, vous perdez votre temps. On peut vous reprocher votre manque de rigueur.

Le type *pragmatique*

Vous êtes surtout attentif aux résultats. Votre maître mot est le pragmatisme. En ce sens, ce style d'organisation est un peu la synthèse des styles précédents. Vous vous fixez des objectifs d'ordre général. Quant aux moyens que vous vous donnez pour atteindre ces objectifs, ils sont variables et flexibles : vous vous adaptez à toutes les situations.

Vos réactions aux résultats

Le questionnaire ne s'arrête pas aux résultats. Ceux-ci sont avant tout destinés à vous permettre de mieux vous connaître ! Il est donc important que vous preniez le temps d'apprécier les résultats obtenus et d'analyser les réactions qu'ils suscitent en vous.

Ne négligez pas cette phase de réflexion et d'introspection qui vous sera utile par la suite pour identifier vos atouts.

Êtes-vous d'accord avec vos résultats ? Pourquoi ?

✍ ....

Quels exemples pouvez-vous donner à l'appui de vos réactions ?

✍ ....

....

....

....

....

....

....

....

....

....

....

....

....

....

....

....

....

....

....

....

....

CHAPITRE 7

VOTRE STYLE DE COMMUNICATION

Au programme

- Le questionnaire d'autoévaluation
- Les résultats
- Les trois types de communication
- Vos réactions aux résultats

Dans la vie professionnelle, il faut sans cesse « faire passer » des informations auprès de sa hiérarchie, de ses collègues, de ses clients, de ses fournisseurs, qu'il s'agisse de rendre compte de ses dossiers à tout moment, de s'exprimer lors d'une réunion, de gérer des relations d'équipe quelquefois épineuses… De plus, on passe également son temps à recevoir des informations. Enfin, il est important de savoir communiquer sur soi pour faire entendre ses projets, ses besoins ou ses revendications ! À l'heure actuelle, la communication est bien un élément clé dans le monde du travail. C'est pourquoi il est bon de faire le point sur votre style de communication !

Le questionnaire d'autoévaluation

Voici une série de trente situations mettant en scène une expérience de communication. Pour chacune d'elles, sélectionnez parmi les 3 options celle qui vous semble correspondre le mieux à votre comportement habituel. Dans certains cas, il vous sera difficile de choisir car le découpage est nécessairement schématique. Essayez toutefois de jouer le jeu !

1. Lors d'un exposé :
   a) Vous ne souhaitez pas être interrompu.
   b) Vous acceptez d'être interrompu aussi souvent que les participants le souhaitent.
   c) Vous annoncez dès le début que vous répondrez aux questions à la fin.
2. Lorsque vous vous exprimez en public, vous avez tendance à :
   a) faire des phrases courtes ;
   b) faire des phrases longues ;
   c) alterner, volontairement, phrases courtes et phrases longues.
3. Si vous devez expliquer quelque chose :
   a) Vous ne vous répétez pas mais vous vous exprimez lentement.
   b) Vous répétez 2 ou 3 fois les mêmes informations avec les mêmes mots.
   c) Vous répétez 2 ou 3 fois les mêmes informations avec des mots différents.
4. Vous savez que vous devez défendre un cas litigieux :
   a) Vous lisez le texte que vous avez soigneusement préparé.
   b) Vous improvisez.
   c) Vous vous exprimez à partir d'une trame préétablie.
5. Selon vous, un orateur qui veut inspirer confiance :
   a) ne fait pas de gestes ;
   b) adopte une gestuelle carrée, tranchante ;
   c) privilégie les gestes ronds.
6. Dans un face-à-face :
   a) Vous défendez votre point de vue sans pour autant empiéter sur celui d'autrui.
   b) Vous vous efforcez de faire prévaloir votre objectif par tous les moyens.
   c) Vous essayez de valoriser votre interlocuteur en le flattant.

7. Lors d'une discussion un peu tendue :

   a) Vous vous efforcez d'avoir le plus souvent possible la parole.

   b) Vous reformulez les propos émis avant d'exprimer votre propre point de vue.

   c) Vous privilégiez l'écoute.

8. Si vous devez rédiger un article dans le journal (de votre école, de votre entreprise...) :

   a) Vous utilisez des mots recherchés.

   b) Vous utilisez des mots simples et courts.

   c) Vous utilisez de préférence des termes abstraits.

9. Lorsque vous rédigez un message écrit, vous placez les mots importants :

   a) au début des phrases ;

   b) au milieu des phrases ;

   c) à la fin des phrases.

10. À chaque fois que vous êtes amené à prendre la parole dans un groupe :

    a) Vous vous efforcez de croiser le regard de chacun des participants.

    b) Vous balayez du regard l'assemblée.

    c) Vous ne regardez personne.

11. Au cours d'une discussion :

    a) Il vous arrive parfois de couper la parole à votre interlocuteur.

    b) Il vous arrive souvent de couper la parole à votre interlocuteur.

    c) Vous vous astreignez à ne jamais couper la parole à votre interlocuteur.

12. Lors d'un débat à trois ou quatre :

    a) Vous vous arrangez pour parler le premier.

    b) Vous laissez les autres s'exprimer pour amener votre point de vue plus tard.

    c) Vous essayez le plus souvent possible d'empêcher les autres de s'exprimer.

13. Lorsque vous entamez une discussion avec un interlocuteur nouveau :

    a) Vous l'écoutez et vous reformulez ses propos.

    b) Vous prenez des notes au fur et à mesure.

    c) Vous le questionnez afin de mieux comprendre.

14. Selon vous, un entretien bien mené est :

    a) un entretien où l'interviewer enchaîne question sur question ;

    b) un entretien où l'interviewer laisse de temps en temps l'initiative à l'interviewé ;

    c) un entretien où l'interviewé est livré à lui-même et doit meubler les silences.

15. Lorsque vous prenez des notes :

    a) Vous écrivez les paroles de l'orateur à la volée.

    b) Vous organisez vos notes en numérotant les idées, en les articulant et en reformulant avec vos mots.

    c) Vous essayez de traduire le raisonnement de l'orateur par un schéma.

16. Lorsque vous lisez un texte que vous devez assimiler :

    a) Vous le lisez deux ou trois fois dans la foulée.

    b) Vous le lisez en diagonale.

    c) Vous le lisez une première fois en surlignant ou en soulignant les points importants.

17. Il vous arrive de recevoir des confidences :

    a) assez souvent ;

    b) de temps en temps ;

    c) presque jamais.

18. Au cours d'une discussion, une personne cherche à prendre la parole mais est interrompue par une autre qui parle plus fort :

    a) Vous êtes agacé mais vous ne dites rien.

    b) Vous faites part de votre agacement au bavard.

    c) Vous vous arrangez pour demander quelques minutes plus tard à la personne interrompue ce qu'elle voulait dire.

19. En début de discussion :

    a) Vous vous contentez de vérifier que vous avez bien compris votre interlocuteur.

    b) Vous donnez votre point de vue sur les idées émises.

    c) Vous essayez d'interpréter ce qui a été dit.

20. Lorsque vous êtes à un bureau devant un interlocuteur qui est en situation d'écoute :

    a) Vous vous tenez sur le bord de votre chaise, jambes croisées, bras croisés.

    b) Vous êtes légèrement en retrait, à un mètre environ du bureau.

    c) Vous vous avancez et faites reposer vos mains sur le bureau.

21. Vous avez à faire passer un message peu agréable à l'un des membres de votre équipe (sportive, professionnelle...) :

    a) Vous lui laissez une petite note écrite dans son casier.

    b) Vous lui passez un coup de téléphone.

    c) Vous provoquez une rencontre.

22. Vous avez été chargé d'organiser une réunion et souhaitez adopter la disposition spatiale la plus conviviale :

    a) Vous choisissez une table ronde.

    b) Vous choisissez une table rectangulaire.

    c) Vous choisissez la disposition en U ou en fer à cheval.

23. Vous devez prendre très rapidement une décision stratégique au sein du club dont vous êtes responsable :

    a) Vous décidez seul.

    b) Vous provoquez une réunion en petit groupe (5 personnes).

    c) Vous provoquez une réunion en grand groupe (25 personnes).

24. Vous avez un message très important à insérer dans le journal à double page (de votre école, de votre entreprise...) :

    a) Vous insérez le message dans la page de gauche (en bas).

    b) Vous insérez le message dans la page de gauche (au milieu).

    c) Vous insérez le message dans la page de droite (au milieu).

25. Vous devez organiser une réunion d'une demi-journée :

a) Vous proposez une pause d'une demi-heure au bout de deux heures.

b) Vous proposez une pause d'environ dix minutes au bout d'une heure trente.

c) Vous ne prévoyez pas de pause.

26. Vous devez rédiger le compte-rendu d'une réunion et souhaitez qu'il soit lu par tous les membres :

a) Vous choisissez la forme du procès-verbal (restitution de tous les faits).

b) Vous rédigez un compte-rendu de trois ou quatre pages.

c) Vous rapportez sur une page les informations essentielles illustrées par des chiffres et des exemples.

27. Vous avez été sollicité pour faire un exposé technique sur le thème de l'informatique devant un public de non-initiés :

a) Vous préparez un montage audiovisuel qui se substitue à votre propre présentation.

b) Vous construisez un exposé d'environ une heure.

c) Vous préparez un exposé oral d'une trentaine de minutes avec des exercices pratiques.

28. Vous voulez vendre un objet (voiture, ordinateur, télévision...) :

a) Vous mettez une annonce dans un journal spécialisé.

b) Vous collez une affiche avec coupons détachables dans le supermarché de votre quartier.

c) Vous faites confiance au bouche-à-oreille.

29. Vous voulez faire connaître l'association d'entraide scolaire dont vous vous occupez :

a) Vous organisez une journée « portes ouvertes ».

b) Vous participez au forum des associations.

c) Vous envoyez un courrier présentant l'association à tous les parents de la commune.

30. Lors de la prochaine réunion de votre club (ou syndicat de copropriétaires, etc.), vous souhaitez faire une proposition. Or, vous savez que vous avez un opposant actif :

a) Vous l'ignorez complètement.

b) Vous vous placez en face de lui de façon à pouvoir lui clouer le bec aussi souvent que possible.

c) Vous essayez de le rallier à votre proposition et, pour cela, vous vous placez à côté de lui.

Les résultats

Comme vous l'avez peut-être constaté, ce questionnaire comportait d'abord une série de dix propositions concernant vos qualités d'émetteur, puis une autre série portant sur vos qualités de récepteur et se terminait par dix propositions sur vos aptitudes à choisir la bonne stratégie de communication.

Pour chaque question, encerclez le nombre de points correspondant à l'option retenue (a, b ou c). Puis totalisez ces points, par catégorie (émetteur, récepteur, stratège) en effectuant les additions.

Questions	**Réponses**			**Questions**	**Réponses**			**Questions**	**Réponses**		
	a	b	c		a	b	c		a	b	c
1	0	2	1	11	1	0	2	21	0	1	2
2	2	0	1	12	1	2	0	22	2	0	1
3	0	1	2	13	2	0	1	23	0	2	1
4	0	1	2	14	1	2	0	24	0	2	1
5	0	1	2	15	0	2	1	25	1	2	0
6	2	0	1	16	1	0	2	26	0	1	2
7	0	2	1	17	2	1	0	27	0	1	2
8	1	2	0	18	0	1	2	28	0	2	1
9	2	0	1	19	2	0	1	29	0	1	2
10	2	1	0	20	1	2	0	30	0	2	1
Total *Émetteur* : 11				Total *Récepteur* : 15				Total *Stratège* : 16			

Les trois types de communication

Les théories de la communication s'inspirent, pour la plupart, d'un schéma conçu par les ingénieurs Shannon et Weaver. Ce schéma définit la communication comme la transmission par un émetteur d'un message à un récepteur par le biais d'un canal de transmission. Hélas, cela n'est pas si simple ! Il y a déformation de l'information à plusieurs niveaux : au niveau de l'émetteur, du récepteur, de la transmission (mauvaise organisation de la communication, support inadéquat…). Ainsi, une communication réussie, si tant est qu'elle existe, exige des qualités d'expression pour l'émetteur, d'écoute pour le récepteur, de stratège de la communication pour créer les conditions favorables à la transmission de l'information.

Pour bien communiquer, il faut donc avoir des qualités à la fois d'émetteur, de récepteur et de stratège. Si vos scores sont également élevés dans les trois catégories, c'est parfait ! Vous savez communiquer de façon efficace ! Autrement, reportez-vous au profil auquel correspond votre meilleur score.

Le profil *émetteur*

Vous avez des aptitudes à vous faire comprendre des autres, à distinguer ce que vous voulez communiquer, ce que vous pouvez communiquer, ce que vous osez communiquer et ce que vous communiquez.

Le profil *récepteur*

Vous êtes en mesure d'entrer dans le cadre de référence de votre interlocuteur. Vous avez des aptitudes à l'écoute, à l'attention et à la compréhension des autres.

Le profil *stratège*

Vous avez de bonnes capacités à choisir les supports et les méthodes de communication appropriés. Vous savez faciliter le dialogue, la transmission d'information entre un émetteur et un récepteur.

Vos réactions aux résultats

Le questionnaire ne s'arrête pas aux résultats. Ceux-ci sont avant tout destinés à vous permettre de mieux vous connaître ! Il est donc important que vous preniez le temps d'apprécier les résultats obtenus et d'analyser les réactions qu'ils suscitent en vous.

Ne négligez pas cette phase de réflexion et d'introspection qui vous sera utile par la suite pour identifier vos atouts.

Êtes-vous d'accord avec vos résultats ? Pourquoi ?

✍ ....

....

....

....

....

....

....

....

....

....

....

Quels exemples pouvez-vous donner à l'appui de vos réactions ?

✍ ....

....

....

....

....

....

....

....

....

....

....

....

....

....

....

....

....

....

....

....

....

CHAPITRE 8

VOTRE STYLE DE MANAGEMENT

Au programme

- **Le questionnaire d'autoévaluation**
- **Les résultats**
- **Les cinq styles de management**
- **Vos réactions aux résultats**

Dans la vie professionnelle, que vous soyez cadre ou non, vous serez amené à court ou moyen terme à « manager une équipe », c'est-à-dire à motiver un groupe, à gérer des relations interpersonnelles, parfois conflictuelles, à coordonner les activités, à prendre des décisions… Quel est votre style de management ?

Le questionnaire d'autoévaluation

Le questionnaire suivant vous propose six verbes correspondant à des actions de management. Pour chacun, il s'agit de sélectionner une option a, b, c, d ou e, selon ce qui correspond le mieux à votre comportement habituel. Dans certains cas, il vous sera difficile de choisir car le découpage est nécessairement schématique. Essayez toutefois de jouer le jeu ! Notez la lettre correspondant à votre choix dans la dernière colonne.

1. Décider :

   a) Je consulte les autres pour prendre une décision et je respecte leur choix.

   b) J'essaie de préserver une bonne entente lorsque je prends ma décision.

   c) Je me fie au bon sens pour prendre une décision.

   d) Je veille à prendre des décisions réalistes et pragmatiques.

   e) Je veille à prendre des décisions objectives, innovantes et consensuelles.

2. S'impliquer :

   a) Je me rallie à la majorité et j'évite de prendre position.

   b) Je préfère suivre l'avis d'autrui pour éviter tout conflit.

   c) Je défends mes opinions aux dépens des autres s'il le faut.

   d) Lorsque se manifestent des idées divergeant des miennes, je recherche un compromis.

   e) Je recherche la confrontation d'idées afin de retrouver le schéma dialectique : thèse, antithèse, synthèse.

3. Travailler :

   a) Je travaille un minimum pour m'en sortir.

   b) Je n'aime pas prendre de responsabilités mais je propose mon aide.

   c) Je suis exigeant envers moi-même et envers les autres.

   d) Je travaille de manière régulière.

   e) Je fais de gros efforts et espère servir d'exemple.

4. Gérer des conflits :

    a) Dans un conflit, j'essaie de me faire oublier.

    b) En cas de conflit, j'essaie de calmer le jeu et de préserver l'esprit d'équipe.

    c) Si un conflit surgit, j'essaie de l'étouffer ou de m'affirmer comme leader.

    d) Si un conflit éclate, j'essaie d'être constructif tout en demeurant ferme afin d'aboutir à une solution juste.

    e) Lors d'un conflit, je m'efforce de m'attaquer aux causes pour pouvoir le résoudre.

5. Se maîtriser :

    a) Je garde toujours une sorte de neutralité afin d'éviter les problèmes.

    b) En cas de tension, j'essaie de préserver une attitude sereine et chaleureuse.

    c) Lorsque je ne suis pas d'accord, je le dis explicitement.

    d) En situation de crise, j'observe avant de choisir mon camp.

    e) Je parviens à me contrôler même lorsque l'on me provoque et que je suis irrité.

6. Avoir de l'humour :

    a) Mon sens de l'humour est parfois jugé un peu lourd par les autres.

    b) J'utilise mon sens de l'humour pour dédramatiser certaines situations.

    c) Mon humour est jugé plutôt décapant.

    d) Mon humour me permet de m'intégrer facilement à un groupe, voire de l'influencer.

    e) Je sais adapter mon humour aux diverses circonstances de la vie.

Les résultats

Pour chaque situation, encerclez la lettre correspondant à votre réponse (a, b, c, d ou e). Comptez un point par lettre entourée puis effectuez votre total pour chaque colonne.

Situations	**Styles**				
	Hyper-délégatif	**Participatif**	**Directif**	**Équilibré**	**Maximaliste**
01	a	b	c	d	(e)
02	a	b	c	(d)	e
03	a	b	(c)	d	e
04	a	b	c	(d)	e
05	a	(b)	c	d	e
06	a	b	c	d	(e)
	Total : 0	Total : 1	Total : 1	Total : 2	Total : 2

Les cinq styles de management

Selon les théoriciens du management Blake et Mouton[1], deux composantes interviennent dans la définition du management : d'une part, la prise en compte des problèmes humains, d'autre part, le degré d'intérêt porté aux impératifs de la production.

Blake et Mouton ajouteront par la suite un troisième élément dans cette définition : l'adaptation à l'environnement. À partir de ces trois éléments, ils distinguent cinq styles de management.

1. Blake, Robert R. et Mouton, Jane S., *Les Deux Dimensions du management*, Éditions d'Organisation, 1980. *La Troisième Dimension du management*, Éditions d'Organisation, 1987.

Le style *hyperdélégatif*

Ce style correspond à une personne qui n'apprécie pas d'encadrer un groupe. Par conséquent, elle laisse faire et ne s'investit ni dans l'organisation du travail ni dans la motivation de l'équipe.

Le style *participatif*

Ce style caractérise le manager attaché à la qualité des relations humaines, à l'atmosphère au sein de l'équipe, quitte à être moins exigeant sur la productivité.

Le style *directif*

Ce style, parfois autoritaire, implique, au contraire, une très grande exigence sur la productivité. Le manager contrôle tout et a tendance à stresser son équipe.

Le style *équilibré*

Ce style définit parfaitement le manager qui s'efforce, en situation normale, de trouver un compromis entre les impératifs de la production et le maintien d'une bonne ambiance dans l'équipe.

Le style *maximaliste*

Ce style correspond au manager qui s'investit à 200 % dans son rôle en cherchant perpétuellement à motiver son équipe tout en s'efforçant d'adopter la meilleure organisation pour une productivité optimale. Ce type de manager est doté d'une très forte capacité de travail.

Vos réactions aux résultats

Le questionnaire ne s'arrête pas aux résultats. Ceux-ci sont avant tout destinés à vous permettre de mieux vous connaître ! Il est donc important que vous preniez le temps d'apprécier les résultats obtenus et d'analyser les réactions qu'ils suscitent en vous.

Ne négligez pas cette phase de réflexion et d'introspection qui vous sera utile par la suite pour identifier vos atouts.

Êtes-vous d'accord avec vos résultats ? Pourquoi ?

✍ ....

....

....

....

....

....

....

....

....

....

....

....

....

....

....

Quels exemples pouvez-vous donner à l'appui de vos réactions ?

✍ ....

....

....

....

....

....

....

....

....

....

....

....

....

....

....

....

....

....

....

....

....

PARTIE 3

ÉTABLISSEZ VOTRE BILAN

Vous avez maintenant une idée plus précise de votre profil professionnel. L'étape suivante consiste à en tirer des conclusions pour le mettre en adéquation avec un projet professionnel. Celui-ci se construit progressivement et il est normal de devoir passer par quelques ajustements.

Cette nouvelle partie a pour but de vous aider dans un premier temps à faire l'inventaire de vos ressources puis de vous permettre de confronter celles-ci avec l'état du marché du travail pour déterminer le secteur qui, d'une part, vous convient le mieux, et d'autre part, offre le plus d'opportunités.

CHAPITRE 9

VOS ATOUTS

Au programme

- **Quelles sont vos aptitudes ?**
- **Quelles sont vos compétences ?**
- **Quelles sont vos motivations ?**

Vous avez plus d'atouts que vous ne le croyez ! En effet vous avez d'abord des aptitudes : ce sont toutes vos qualités innées. Vous avez ensuite des compétences, éprouvées au cours de vos diverses expériences. Vos motivations comptent aussi : elles vous permettront de définir votre projet et feront, lors de votre recherche, toute la différence avec d'autres candidats. À côté de ces atouts, vous avez peut-être aussi quelques lacunes. Il est bon de profiter de cet inventaire pour discerner ce qui vous manque pour progresser.

Quelles sont vos aptitudes ?

Dans le tableau suivant, faites l'inventaire de l'ensemble des aptitudes que vous pensez avoir en mentionnant au moins une circonstance dans laquelle vous avez fait preuve de cette aptitude. Ne vous limitez pas à vos expériences professionnelles dans la recherche d'exemples.

Si vous ne trouvez aucun signe de certaines aptitudes dans votre vie, mettez une croix dans la colonne de droite : « À améliorer ».

Aptitudes	Expériences	À améliorer
Sens de l'initiative, esprit de décision	organisation	
Aptitude à convaincre, à négocier	tt les jours.	
Sens de l'organisation	planning listes.	
Faculté d'écoute, de communication	bonne copine on me pose souvent des Q	
Aptitude au management, gestion d'une équipe	gerer apprentis	
Résistance à la fatigue Puissance de travail	tt les semaines déplacements.	
Combativité Ténacité Application	Challenges.	
Capacité d'adaptation Faculté d'assimilation		
Faculté d'analyse, de synthèse		
Diplomatie Tact		X
Sens des responsabilités		

.../...

…/…

Honnêteté, fidélité à ses engagements Rigueur	deteste mensonge organisée.	
Esprit de coopération Attention aux autres	Souci des autres.	
Faculté d'observation		X impulsive.
Facilité d'expression		X timidité parfois
Goût de l'action Sens pratique Pragmatisme	Federer Animer Aime changement	
Curiosité Ouverture d'esprit	Je m'interesse à tout.	
Imagination Créativité Innovation	Imagination débordante	X tout se mélange.
Objectivité Sens critique Rigueur intellectuelle		
Égalité d'humeur Maîtrise de soi Résistance aux agressions		X
Autres aptitudes		

Quelles sont vos compétences ?

Dans le tableau suivant, faites l'inventaire de l'ensemble des compétences (au sens de savoir et de savoir-faire) que vous pensez avoir, en mentionnant brièvement des exemples d'application. Ne vous limitez pas à vos expériences professionnelles dans votre recherche d'exemples.

À noter

Rappelons qu'une personne au chômage, quel que soit son niveau de formation, ne se réduit pas à un « chercheur d'emploi ». C'est d'abord et avant tout une personne qui offre des compétences. Ces compétences ont pu être acquises grâce aux expériences professionnelles, mais aussi au cours des études, dans le cadre d'engagements associatifs, des loisirs, voire des circonstances familiales ou sociales.

Si vous ne trouvez aucun signe de certaines compétences dans votre vie, mettez une croix dans la colonne de droite : « À acquérir ».

Expériences	Compétences acquises (exemples d'application)	À acquérir
Expériences professionnelles (emplois, stages, jobs)		
Vie sociale, scolaire ou associative		
Diplômes Concours Certificats		
Mémoires Thèses Comptes-rendus/rapports		

.../...

.../...

Travaux d'équipe, enquêtes, travaux pratiques		
Techniques maîtrisées (expression orale, langages spécifiques...)		
Connaissance de langues étrangères		
Outils informatiques (logiciels, Internet)		
Méthodes de travail acquises		
Compétences fonctionnelles (comptabilité, gestion de projet, vente...)		
Culture générale Activités culturelles et artistiques		
Hobbies (sports, loisirs, jeux, compétitions)		
Autres compétences		

Quelles sont vos motivations ?

Dans le tableau ci-dessous, faites l'inventaire de ce qui vous motive en essayant d'expliquer à chaque fois pourquoi vous êtes attiré par tel ou tel aspect.

Concernant le secteur d'activité et le type de fonction, vous trouverez en pages 131 à 137 des listes susceptibles de vous aider, le cas échéant, à préciser vos idées.

Domaines	Motivations	Pourquoi ?
Secteur d'activité		
Type de fonction		
Type d'entreprise (taille, valeurs, ambiance, etc.)		
Localisation géographique		
Niveau de responsabilité		
Niveau de rémunération		
Mode de vie (sédentarité/mobilité, sécurité/risques...)		

.../...

…/…

Fonction souhaitée dans l'immédiat		
Fonction souhaitée à moyen terme (5 ans)		
Objectif de carrière		
Autres motivations		

CHAPITRE 10

VOTRE POTENTIEL DE PROGRESSION

Au programme

- **Quelles sont vos axes de progression ?**
- **Comment choisir la formation qui vous convient le mieux ?**

Les atouts que vous avez définis dans le chapitre précédent font ressortir votre potentiel de progression. Qu'entend-on par ce terme ? Le potentiel de progression d'un individu est sa faculté à évoluer dans les années qui viennent, sa faculté d'adaptation à de nouvelles donnes et sa capacité à renouveler ce qu'il apporte à l'entreprise.

À noter

Lors d'un recrutement, l'entreprise cherche à apprécier la valeur actuelle du candidat, c'est-à-dire ce en quoi il est opérationnel aujourd'hui, mais elle s'efforce aussi d'anticiper sa progression dans les deux ou trois ans à venir et même au-delà. Il est évident que l'appréciation du potentiel de progression est un pari, car elle ne se fonde pas sur des faits objectifs mais sur la combinaison de traits de personnalité et de l'expérience acquise. Bien que l'on ne puisse pas le déterminer avec certitude, le potentiel de progression d'un candidat est un critère déterminant dans la décision d'embauche finale. C'est donc un point que les candidats à l'emploi doivent travailler tout particulièrement, non seulement pour cerner quels seront leurs points forts dans la durée, mais aussi pour savoir en parler à leurs éventuels employeurs.

Quels sont vos axes de progression ?

La mise en valeur de votre potentiel dépend de votre capacité à vous projeter dans l'avenir (autrement dit, ce que vous voulez faire demain et pourquoi vous vous en sentez capable). Le travail suivant consiste à repérer vos lacunes et la façon dont vous allez les combler.

Les points que vous avez relevés comme étant « à améliorer » ou « à acquérir » au chapitre précédent peuvent vous servir de base pour répondre aux questions suivantes.

Pour réussir dans les fonctions qui vous intéressent (à court terme/à moyen terme), qu'avez-vous besoin de mieux connaître ?

✍ ....

....

....

....

....

....

....

....

....

....

....

....

Qu'avez-vous besoin de mieux savoir faire ?

✍ ....

....

....

....

....

....

....

....

....

Quelles qualités professionnelles vous faut-il développer ?

✍ ....

....

....

....

....

....

....

....

....

....

Quelles actions allez-vous entreprendre pour progresser dans ces domaines ?

✍ ....

....

....

....

....

....

....

....

....

Quelle formation pouvez-vous entreprendre pour progresser dans ces domaines ?

✍ ....

....

....

....

....

....

....

....

....

Comment choisir la formation qui vous convient le mieux ?

Le type de formation envisagée dépend bien sûr du stade où vous en êtes dans vos études ou dans votre vie professionnelle. Néanmoins, il est bon de se poser certaines questions, si une formation complémentaire est nécessaire.

Quel genre d'études envisagez-vous ?

Vous avez le choix entre des études généralistes ou spécialisées. Dans le cas d'études spécialisées, il convient de vous demander pour quelle spécialité opter. Prenez le temps de relire les notes que vous avez écrites au cours de votre bilan, elles vous aideront à affiner vos choix.

Si vous souhaitez reprendre une formation après quelques années de vie professionnelle ou poursuivre une formation après un cycle d'études, il existe de multiples possibilités : cursus universitaire, école privée, troisième cycle, mastère, formation en entreprise, etc.

À l'heure de la mondialisation, il peut être intéressant d'envisager de faire cette formation à l'étranger : outre le diplôme choisi, cette expérience vous permettra de renforcer votre maîtrise d'une langue étrangère tout en éprouvant votre goût du défi et votre capacité d'adaptation ! Le choix d'études à l'étranger demande cependant une préparation minutieuse pour éviter toute mauvaise surprise (reconnaissance du diplôme, maîtrise suffisante de la langue d'enseignement…).

Au lieu d'ajouter un diplôme à votre CV, vous pouvez aussi envisager une formation en entreprise, sous la forme d'un stage, qui vous apportera l'expérience d'une activité professionnelle et la connaissance « de l'intérieur » d'un secteur donné.

Quelle durée ?

La durée de la formation est un critère important, à déterminer en fonction de votre profil professionnel et de votre motivation à arriver plus ou moins vite dans la vie professionnelle. Après le bac, vous avez ainsi le choix entre des études courtes (deux ans) ou longues (jusqu'à 8 ans). Vous pouvez aussi envisager des études en alternance qui vous permettent d'avoir très vite un pied dans la vie en entreprise.

Dans tous les cas, sachez qu'il existe de nombreuses passerelles pour accéder, par le biais des admissions parallèles, aux grandes écoles de commerce et d'ingénieurs. De même, avec un peu d'organisation et une bonne motivation, il est toujours possible de reprendre ses études après plusieurs années d'activité professionnelle.

Quel coût ?

Certains stages de formation professionnelle sont coûteux. Si vous êtes salarié, sachez que vous avez des droits. Pensez au congé individuel de formation (CIF). Vous pouvez aussi demander à votre entreprise de prendre en charge tout ou partie de votre formation.

Certaines études sont également coûteuses (et cela parfois pendant trois à cinq ans). Si vos parents ou vous-même ne pouvez financer vos études, pensez au système des bourses ainsi qu'aux prêts étudiants. Cela n'exclut pas, bien évidemment, les jobs qui peuvent être effectués en parallèle des études.

Où s'informer ?

La presse spécialisée dans l'orientation des lycéens et étudiants publie régulièrement des dossiers par secteurs d'études :

- *L'Étudiant* (www.letudiant.fr)
- *Phosphore* (www.phosphore.com)

Les lycéens et étudiants trouveront une importante documentation auprès des organismes spécialisés comme l'Onisep (www.onisep.fr) et le CIDJ (www.cidj.com), ou sur les sites Internet tels que www.jetudie.com et www.etnoka.fr.

Enfin, quels que soient votre âge et votre niveau de formation, il est fortement recommandé de se tenir au courant des nombreux forums spécialisés organisés par les établissements d'enseignement supérieurs avec le soutien actif de divers organismes tels que Studyrama (www.studyrama.com) ou encore Hobsons (www.hobsons.fr).

CHAPITRE 11

VOTRE PROJET PROFESSIONNEL

Au programme

- Informez-vous sur les secteurs d'activité et les emplois
- Choisissez votre secteur d'activité
- Définissez la fonction qui vous correspond
- Faites la synthèse de votre projet professionnel

Vous voici donc rendu à cette étape délicate qui consiste à confronter votre profil professionnel, vos aspirations et le marché de l'emploi ! Ce dernier élément est en effet indispensable, et à prendre en compte si vous souhaitez trouver rapidement un emploi satisfaisant et des possibilités d'évoluer par la suite. Pour que votre projet professionnel soit cohérent (c'est-à-dire qu'il débouche sur un emploi !), il doit correspondre à votre profil, mais il doit être confronté aussi à la réalité socio-économique. Il ne s'agit donc pas seulement de rechercher l'offre d'emploi correspondant à votre profil professionnel. Vous devez aussi analyser le marché de l'emploi et repérer les secteurs les plus dynamiques. Si votre projet correspond à des secteurs d'activité en fort développement et à des emplois recherchés, vous mettrez moins de deux semaines à trouver un poste. Dans le cas contraire, vous devez vous préparer à prolonger longtemps vos recherches et à affronter l'amertume et la frustration qui accompagnent souvent cette situation difficile...

Informez-vous sur les secteurs d'activité et les emplois

Avec Internet, la recherche et la compilation d'informations sur les secteurs d'activité, les entreprises et les emplois proposés sont considérablement simplifiées. De nombreux sites proposent, d'une part, des fiches très complètes, décrivant les différents métiers et listant les compétences générales et techniques nécessaires pour y réussir, d'autre part des dossiers sur les secteurs d'activité et les entreprises qui recrutent.

Selon votre profil (étudiant ou futur étudiant, cadre, non-cadre) et selon votre choix de vous expatrier ou de rester en France, vous trouverez des informations utiles sur les sites suivants.

- www.afig.org
- www.pole-emploi.fr

  Le site de Pôle emploi propose notamment des fiches ROME (Répertoire opérationnel des métiers et des emplois) et des offres d'emploi.
- www.apec.fr

  L'Apec (Association pour l'emploi des cadres) publie en ligne des fiches sur les fonctions, des fiches sur les métiers, des fiches sur les secteurs et des offres d'emploi.
- www.cidj.com

  Le CIDJ (Centre d'information et documentation jeunesse) possède aussi une base de cartes métiers.
- www.onisep.fr

  Le site de l'Onisep (Office national d'information sur les enseignements et les professions) présente des fiches sur les formations et les métiers.
- http://emploi.francetv.fr

  Vous trouverez sur le site de la chaîne de télévision France 5 une série de fiches métiers.

- www.insee.fr

  Le site de l'INSEE (Institut national de la statistique et des études économiques) délivre des informations sur l'emploi, les salaires et les entreprises secteur par secteur.

- www.letudiant.fr

  Le site du magazine *L'Étudiant* propose des informations sur les filières, les secteurs et les métiers régulièrement remises à jour.

- www.apce.com

  L'APCE (Agence pour la création d'entreprise) est un passage indispensable pour ceux qui souhaitent créer leur propre entreprise.

- www.mfe.org

  Vous trouverez sur le site de la MFE (Maison des Français de l'étranger) de nombreuses informations sur l'état des marchés du travail à l'étranger et sur les entreprises françaises présentes dans chaque pays.

- www.omi.social.fr

  L'OMI (Office des migrations internationales) offre des conseils pour l'expatriation, des offres d'emploi et de stage professionnel à l'international.

Pour suivre régulièrement les évolutions du marché, consultez la presse spécialisée :

- *Courrier Cadres*, journal de l'APEC (www.apec.fr)
- *Le Guide GO - Guide des opportunités de carrière*, publié par Hobsons France (www.hobsons.fr)

Les numéros spéciaux « Enquêtes emplois » de divers hebdomadaires, notamment :

- *Le Point* (www.lepoint.fr)
- *L'Express* (www.lexpress.fr)
- *L'Expansion* (www.lexpansion.com)

Une fois défini le secteur vers lequel vous voulez vous tourner, il vous faudra consulter régulièrement la presse (au format papier et accessible en ligne) qui lui est consacrée. Vous trouverez sur le site www.fnps.fr la liste des publications spécialisées, classées par secteur d'activité.

Quelques exemples de sites de presse spécialisée par secteur

- Aéronautique : www.aeropresse.com
- Agriculture : www.agris.be
- Agroalimentaire : www.sediac.fr
- Assurances : www.largusdelassurance.com
- Automobile : www.journalauto.com
- BTP : www.lemoniteurbtp.com
- Chimie : www.infochimie.presse.fr
- Équipement électrique : www.j3e.com
- Électronique, télécom : www.01net.com
- Énergie, environnement : www.energie-plus.com
- Immobilier : www.indicateurbertrand.com
- Informatique : www.lesjeudis.com
- Justice : www.legalnews.fr
- Marketing, publicité : www.strategies-online.com
- Santé : www.quotimed.com
- Ressources humaines : www.liaisons-sociales.presse.fr
- Transport : www.officiel-transporteurs.com

Choisissez votre secteur d'activité

Il semble évident qu'en sélectionnant de préférence les secteurs d'activité en plein développement ou ceux que vous connaissez déjà, vous augmentez vos chances de succès. Vous devez éviter les secteurs d'activité sinistrés, notamment ceux qui subissent des délocalisations massives à l'étranger (sauf si vous souhaitez vous expatrier dans ces pays).

À noter

> **Plutôt qu'une longue période de chômage, il est possible d'envisager l'intérim dans l'attente d'un CDI. Le rythme et la diversité des missions peuvent particulièrement bien convenir à ceux qui aiment bouger, ou à ceux qui désirent se faire une idée d'un nouveau secteur. Ce type d'activités a cependant aussi des exigences particulières : plus les missions sont courtes, plus il est important de s'adapter rapidement à son nouveau cadre de travail. De plus, les profils plus expérimentés sont privilégiés en raison de leur maîtrise des tâches demandées. Enfin, comme tous les secteurs, l'intérim passe par des phases fastes et d'autres plus difficiles.**

Vous trouverez ci-dessous une liste de secteurs d'activité. Après vous être informé si nécessaire sur ce qu'ils recouvrent, soulignez ou cochez d'un signe positif (+) les secteurs d'activité qui vous intéressent. Rayez ou cochez d'un signe négatif (–) les secteurs d'activité que vous souhaitez éviter… ou qu'il est souhaitable d'éviter !

Les secteurs de l'industrie

- Aéronautique/Spatial
- Agriculture
- Agroalimentaire
- Armement
- Arts de la table/Décoration
- Auto/Moto/Cycles
- Biens d'équipement maison
- Bureautique
- Chimie/Parachimie
- Construction navale
- Cosmétique/Parfumerie
- Cinéma/Musique/Radio
- Eau/Gaz/Électricité/Chauffage

- Édition/Imprimerie
- Électricité
- Électromécanique
- Électroménager
- Électronique
- Emballage
- Énergie nucléaire
- Environnement
- Équipementier auto/moto/cycles
- Équipement industriel
- Extraction/Mines
- Ferroviaire
- Horlogerie/Joaillerie/Bijouterie
- Instrumentation
- Matériel d'éclairage
- Matériel médical
- Mécanique/Machine-outil
- Métallurgie
- Meuble/Travail du bois
- Optique
- Papier/Carton
- Pétrole (production, distribution)
- Pharmacie/Parapharmacie
- Photographie
- Plasturgie/Plastique/Composite
- Presse
- Produits de loisirs/Jouets/Jeux
- Robotique

- Sidérurgie
- Textile/Habillement/Chaussure
- Verre/Céramique

Le secteur des services

- Agence de publicité/Communication
- Agence immobilière
- Cabinet comptable/audit
- Cabinet d'avocats
- Conseil aux entreprises
- Conseil juridique/Étude de notaire
- Enseignement et formation
- Hôtellerie/Restauration
- Humanitaire
- Immobilier
- Ingénierie/Bureau d'études
- Loisirs/Culture/Cinéma
- Maintenance industrielle
- Marketing direct
- Nettoyage industriel/Sécurité
- Recherche
- Santé
- Syndic immeuble/Gestion locative
- Tourisme/Voyages
- Transports

Les services publics et l'Administration

- Armée
- Collectivités locales et territoriales
- Enseignement
- Organisme consulaire
- Organisme international
- Organisme professionnel
- Police
- Services de santé/Hôpitaux

Les secteurs de la banque et des assurances

- Banque/Établissement financier
- Bourse
- Capital risque
- Compagnie d'assurances/Courtage
- Crédit-bail
- Société civile de placement immobilier

Le secteur du bâtiment et des travaux publics

- Génie civil/Travaux publics
- Gros œuvre
- Maisons individuelles
- Production matériaux construction
- Second œuvre
- Société immobilière/Promoteur

Le secteur de l'informatique, des télécommunications et du multimédia

- Constructeur
- Éditeur de logiciels
- Multimédia/Internet
- Opérateurs de télécommunication
- Services informatiques/SSII

Le secteur de la vente et de la distribution

- Ameublement/Décoration
- Automobile/Moto/Cycles
- Bricolage/Jardin
- Centrale d'achat
- Commerce alimentaire
- Disques/Livres
- Grand magasin
- Habillement/Mode
- Hi-fi/Vidéo
- Hypermarché/Supermarché
- Import/Export
- Informatique/Micro-informatique
- Négoce/Commerce gros industriel
- Produits de luxe
- Sport
- Télécommunication
- Vente par correspondance

Définissez la fonction qui vous correspond

N'hésitez pas à reprendre les tableaux sur vos atouts (voir chapitre 9). Ils vous aideront à vous orienter ou réorienter vers les fonctions qui correspondent tout d'abord à vos motivations mais aussi à vos compétences et à vos aptitudes.

Choisissez parmi les quinze grands types de fonctions suivants, classés par ordre alphabétique. Pour chacune des fonctions qui vous intéressent, indiquez les motivations, les aptitudes et les compétences qui déterminent votre choix.

Artistique/Culturelle	
Commerciale/Marketing	
Conseil/Formation/ Enseignement	
Contrôle/Sécurité	
Études/Recherche	
Finances/Comptabilité	

Gestion/Organisation	
Information/Communication	
Juridique/Fiscale	
Médicale/Paramédicale	
Ressources humaines	
Scientifique	
Sociale	
Sportive	
Technique	

Faites la synthèse de votre projet professionnel

Les questions qui suivent vous permettront d'affiner votre projet et de le « mettre en phrases ». Cette étape est très importante car elle vous permet de faire le point sur toutes les notions abordées jusqu'ici, tout en vous appropriant les informations recueillies au cours de ce parcours et de vos recherches.

À votre avis, quels sont les emplois ou les fonctions les plus recherchés actuellement ? Pourquoi ?

✍ ....

....

....

....

....

....

....

....

....

....

....

....

....

....

....

Parmi ces emplois ou ces fonctions, quels sont ceux qui correspondent à votre profil ? Pourquoi ?

✍ ....

....

....

....

....

....

....

....

....

....

....

....

....

....

....

....

....

....

....

Confrontez vos réponses les unes avec les autres. La synthèse demandera certainement quelques ajustements.

PARTIE 4

VALORISEZ VOTRE PROJET PROFESSIONNEL

À présent que vous connaissez votre projet professionnel et que vous avez éprouvé sa faisabilité, il vous faut établir un plan d'action pour le faire connaître et le valoriser. Vous trouverez dans cette dernière partie des conseils pour organiser votre recherche d'emploi, choisir vos supports et optimiser la présentation de votre projet afin d'atteindre rapidement vos objectifs !

CHAPITRE 12

VOTRE RECHERCHE D'EMPLOI

Au programme

- **Informez-vous sur les entreprises qui recrutent**
- **Votre liste d'entreprises cibles**
- **Votre liste d'interlocuteurs dans les entreprises cibles**
- **Constituez un réseau relationnel**

La recherche d'un travail est un travail à part entière ! Cette phase d'investigation est très enrichissante dans la mesure où elle correspond à un travail d'ouverture tous azimuts sur les possibilités du marché. Mais elle exige aussi beaucoup de rigueur et d'organisation. Ce chapitre vous apporte une méthode efficace et des conseils concrets pour faire de votre recherche d'emploi l'occasion de progresser, d'enrichir votre réseau et d'améliorer votre efficacité... et finalement vous aider à organiser votre prospection en professionnel !

Informez-vous sur les entreprises qui recrutent

Outre les sites d'offres d'emploi et les informations sur les entreprises mentionnées précédemment (voir en pages 128 à 130), vous trouverez également des informations dans l'annuaire du téléphone, en sélectionnant le secteur d'activité que vous souhaitez explorer (voir le site Internet www.pagesjaunes.fr).

Il existe aussi des annuaires d'entreprises et de professionnels, classés par activité et par région. Vous y trouverez les agences, les filiales, les noms des décisionnaires :

- Kompass (www.kompass.fr) ;
- Bottin des entreprises (www.bottin.fr).

Vous trouverez de nombreuses ressources sur les sites suivants. Utilisez les moteurs de recherche pour affiner votre recherche :

- www.emploi.org : liens vers des sites d'offres d'emploi ;
- www.travail-emploi.com : liens vers des sites d'offres d'emploi ;
- www.optioncarriere.com : liens vers des sites d'offres d'emploi ;
- www.cadremploi.fr : offres et dépôts de candidatures pour les cadres ;
- www.monster.fr : offres d'emploi et possibilité de déposer votre CV en ligne ;
- www.keljob.com : offres d'emploi ;
- www.directemploi.com : offres d'emploi ;
- www.emailjob.fr : offres d'emploi ;
- www.lesjeudis.com : offres d'emploi en informatique ;
- www.michaelpage.fr : offres d'emploi et de stage (www.michaelpagejunior.com) ;
- www.regionsjob.com : offres d'emploi par régions ;
- www.mbrecrut.com : offres et demandes d'emploi pour le secteur public ;
- www.civiweb.com : offres d'emploi à l'international ;
- www.emploipublic.com : informations sur les concours de recrutement de la fonction publique et offres d'emploi.

À noter

> **Sachez exploiter les informations que vous trouverez sur ces sites. Les annonces publiées offrent une mine d'informations. Il est intéressant de se constituer une bibliothèque d'annonces pour repérer les termes utilisés, les profils recherchés, les qualités à mettre en avant. Même si votre profil ne correspond pas à une annonce au moment où celle-ci paraît, même si la date limite d'envoi des candidatures est dépassée, n'hésitez pas à la conserver car celle-ci peut vous donner des idées pour construire votre carrière (fonction que vous souhaitez exercer à moyen terme, compétences à acquérir).**

Votre liste d'entreprises cibles

Si vous êtes en phase de recherche d'emploi, identifiez, dans chaque secteur d'activité sélectionné, plusieurs entreprises cibles auprès desquelles vous envisagez de présenter votre candidature. Il est recommandé de commencer avec un minimum de trente entreprises.

Sélectionnez ces entreprises en fonction de critères variés : taille, organisation interne, produits, clientèle, valeurs, culture d'entreprise, techniques utilisées, implantation géographique, réputation…

Tenez compte aussi des conditions de travail dans l'entreprise : mobilité, temps partiel, travail de nuit, travail le week-end, déplacements fréquents…

Cherchez à savoir si l'entreprise embauche ou débauche actuellement.

Regroupez ces informations sur une fiche. Vous vous constituerez ainsi un annuaire des entreprises que vous ciblez et sur lequel vous mentionnerez les informations suivantes :

- nom de l'entreprise ;
- secteur d'activité ;
- informations générales ;
- avantages ;
- inconvénients.

Votre liste d'interlocuteurs dans les entreprises cibles

Une fois que vous avez repéré les entreprises dans lesquelles vous aimeriez travailler, il vous faut trouver le bon contact. Un CV ou une lettre envoyés à l'adresse générale d'une entreprise n'ont que peu de chance d'atteindre rapidement la personne susceptible de vous embaucher (à moins qu'il ne s'agisse d'une toute petite entreprise). De même, vos relances téléphoniques ne seront efficaces que si elles sont orientées vers le bon interlocuteur. Dans tous les cas, la connaissance que vous aurez du nom et des coordonnées de la personne à contacter représente pour celle-ci un gage de sérieux et de motivation de votre part. Si vous ne négligez pas ce détail alors que vous n'êtes qu'à la première étape dans l'approche de votre recruteur potentiel : c'est aussi le signe de votre professionnalisme !

Vos CV et lettres de motivation doivent donc être des documents personnalisés, adressés à une personne dont la fonction est bien identifiée. Pour cela, identifiez, dans chaque entreprise cible, la personne qui sera votre destinataire, avec son nom (sans faute d'orthographe), son prénom, sa fonction précise et ses coordonnées (téléphone, adresses postale et électronique).

Pour plus de facilité, vous pouvez vous constituer un tableau sur le modèle suivant :

Entreprise	Interlocuteur	Fonction	Coordonnées

Constituez un réseau relationnel

Enrichissez votre carnet d'adresses

Les ressources dont vous disposez ne se limitent pas aux informations collectées sur Internet. Sachez qu'une grande partie des postes vacants sont attribués sans qu'il soit nécessaire de publier une petite annonce : les candidats sont recrutés à l'intérieur de l'entreprise, sur candidature spontanée ou par le jeu de relations professionnelles ou personnelles. N'hésitez pas à parler de votre projet autour de vous, ni même à solliciter le carnet d'adresses de votre entourage pour élargir vos contacts et recueillir conseils et informations sur le secteur qui vous intéresse.

Dans le tableau ci-dessous, faites l'inventaire de toutes les relations personnelles et professionnelles que vous connaissez et qui peuvent vous aider, vous transmettre des informations utiles, vous recommander, vous présenter à des décisionnaires susceptibles de vous embaucher... Il peut s'agir de parents, d'amis, de collègues, de professeurs...

Nom et prénom	Entreprise et fonction	Adresse postale	Adresse électronique	Téléphone

Attention !

Ce ne sont pas ces personnes qui vont vous trouver votre emploi ! Mais elles peuvent vous apporter, par leur connaissance d'un secteur d'activité, d'une entreprise particulière, ou grâce à leur propre carnet d'adresses, des conseils et de l'aide pour avancer dans votre recherche d'emploi.

Exploitez votre réseau

Au fur et à mesure que vous obtenez le nom de nouveaux contacts, faites la liste de ceux avec lesquels un entretien serait enrichissant, soit pour collecter des informations sur un secteur ou une entreprise donnée, soit pour présenter votre CV à une personne habituée aux processus de recrutement. Ces entretiens sont aussi pour vous l'occasion de vous faire connaître et apprécier, de recevoir des conseils sur la marche à suivre.

N'hésitez donc pas à solliciter un « entretien réseau », en expliquant que, dans un premier temps, vous souhaitez simplement en apprendre davantage sur l'entreprise et le poste de la personne concernée. Il ne faut pas avoir « peur de déranger », pour peu que l'entretien s'éternise. La plupart des gens sont ravis de parler de leur expérience et de donner des conseils. En revanche, il est primordial que vous prépariez votre entretien avec beaucoup de rigueur, de façon à vous présenter sous votre meilleur jour et à ne pas faire perdre son temps à votre interlocuteur. Réfléchissez à l'avance à ce que vous attendez de l'entretien, à ce qu'il pourrait apporter dans la définition de votre projet professionnel et dans votre démarche de recherche d'emploi.

Voici quelques exemples de questions que vous pouvez poser à votre interlocuteur au cours de l'entretien :

- En quoi consiste votre métier ?
- Quelles compétences sont importantes pour exercer ce travail ?
- Qu'est-ce qui vous plaît le plus dans ce métier ?
- Qu'est-ce qui est plus difficile ?
- Comment êtes-vous arrivé à ce poste ? Quelle formation ou quel parcours mène à ce métier ?
- Savez-vous quelles sont les méthodes de recrutement utilisées par votre entreprise ?
- Arrive-t-il que des personnes soient embauchées suite à des candidatures spontanées ?

- Que me conseilleriez-vous de faire pour postuler auprès de votre entreprise ?
- Puis-je vous soumettre mon CV ? Qu'en pensez-vous ?

À la suite de vos entretiens, n'oubliez pas d'envoyer un courriel ou un mot pour remercier votre interlocuteur du temps qu'il vous a consacré. Ce détail compte aussi pour l'image qu'il gardera de vous.

CHAPITRE 13

VOTRE PRÉSENTATION

Au programme

- **Votre *curriculum vitæ***
- **Vos lettres de motivation**
- **L'entretien de motivation**

Pour présenter votre projet professionnel, vous disposez de trois modes de promotion complémentaires : le CV, la lettre de motivation et l'entretien.

La qualité de vos supports de présentation (CV et lettre de motivation), dans un premier temps, puis de vos entretiens de motivation, dans un second temps, sont essentielles pour promouvoir votre candidature. C'est d'autant plus vrai que le recruteur dispose généralement d'un temps très limité à consacrer à la lecture de chaque CV, de chaque lettre de motivation et même lors d'un premier entretien. Il est donc indispensable de mettre toutes les chances de votre côté en préparant minutieusement votre présentation. Ce chapitre vous donnera quelques pistes pour vous y préparer. Nous vous conseillons néanmoins de vous reporter à la lecture d'ouvrages spécialisés car cette préparation est complexe et nécessite des développements que nous ne pouvons pas traiter ici. Les conseils présentés dans ce chapitre sont extraits des deux ouvrages de Patrick de Sainte Lorette et de Jo Marzé, dans la même collection « Eyrolles Pratique » : *Le CV et la lettre de motivation* et *L'Entretien de motivation*.

Votre *curriculum vitæ*

Le CV est la pièce maîtresse de votre présentation. Il vous sera demandé dans toutes les situations, qu'il s'agisse d'une candidature spontanée, d'une réponse à une offre d'emploi ou de la diffusion de votre profil sur le Net.

C'est la première image que vous donnez de vous-même. De plus, si vous êtes convoqué pour un entretien, votre CV risque fort d'être le principal support de la discussion. On vous demandera de le développer et de le commenter, voire de justifier tel ou tel choix fait lors de sa rédaction. Il faut donc lui consacrer beaucoup d'attention.

Pour réussir votre CV, soyez particulièrement vigilant sur cinq points :

- **la disposition** spatiale sur la feuille est un élément très important car elle crée une impression de clarté. Un CV brouillon n'attire pas l'œil et ne donne pas envie d'être lu. De même une police trop fantaisiste risque de nuire à la clarté du message ;
- **la concision** : choisissez bien les informations que vous indiquez et les termes que vous utilisez. Ne sélectionnez que les informations les plus utiles au regard de l'annonce à laquelle vous répondez ou du poste que vous visez (dans le cas d'une candidature spontanée) ;
- **la rationalisation** : pensez à faciliter la compréhension du lecteur par une présentation logique (organisation chronologique, rubriques thématiques) ;
- **la précision** est un élément qui traduit la franchise, l'honnêteté et la rigueur de votre raisonnement. Un CV manquant de précision intrigue dans le meilleur des cas, et rebute le recruteur, en laissant planer des doutes sur vos expériences et leur validité. N'essayez pas de camoufler maladroitement des périodes d'inactivité ou des « trous » dans votre parcours : le mieux est dans ce cas d'assumer les écarts de votre parcours en essayant, dans votre lettre de motivation ou lors du premier entretien (si la question

se présente) d'expliquer brièvement les raisons et ce que ces périodes ont pu vous apporter par ailleurs ;

- **l'orientation** : certains cursus universitaires et certains parcours professionnels restent très généraux, ou au contraire évoquent plusieurs profils différents. Pour le recruteur, il est alors difficile de se faire une idée de ce que vous recherchez. Pour lui faciliter la tâche, il est important d'orienter la description de votre parcours en fonction du poste recherché.

Vos lettres de motivation

La lettre de motivation est, la plupart du temps, exigée en même temps que votre CV qu'elle complète et développe. La lettre est plus personnalisée que le CV. Elle vous permet (dans certaines limites !) d'user d'un style plus personnel dans l'expression de vos motivations et l'explication de votre parcours. Pour réussir votre lettre de motivation, il est important d'apporter quelques éléments de réponse aux attentes du recruteur, d'argumenter votre candidature et enfin d'adapter votre lettre à l'entreprise à laquelle vous vous adressez.

La lettre de motivation doit répondre aux attentes du recruteur

Destinée à exprimer librement les intentions personnelles du candidat, avec moins de contraintes de fond et de forme que le CV, la lettre a pour objectif d'inciter le recruteur à rencontrer le candidat. Une bonne lettre répond donc de façon efficace aux préoccupations du recruteur en lui donnant envie d'en apprendre davantage. Elle doit fournir des réponses satisfaisantes aux questions que tout recruteur se pose :

- Puis-je me fier à ce candidat ?
- Qu'est-ce que ce candidat m'apporte de plus ?

Des réponses décevantes à ces questions auraient un effet dissuasif.

La lettre de motivation doit argumenter votre candidature

Comme son nom l'indique, la lettre de motivation doit expliquer ce qui a retenu votre attention dans l'annonce à laquelle vous répondez, ou dans l'entreprise à laquelle vous vous adressez. Là encore, il s'agit de sélectionner deux ou trois arguments simples qui incitent le recruteur à vous faire venir en entretien pour vous entendre les développer.

La lettre de motivation doit être rédigée en fonction de l'entreprise visée

Chaque lettre doit être conçue au cas par cas. De même que vous ne vous adressez pas de la même manière à tout le monde, vous devez adapter votre ton à l'entreprise à laquelle vous écrivez. Pour cela, il est important de s'intéresser à celle-ci : une visite du site Internet de l'entreprise vous permettra de repérer la façon dont celle-ci se présente, les valeurs qu'elle prétend représenter. N'hésitez pas à reprendre (avec discernement !) dans votre lettre le vocabulaire utilisé par l'entreprise.

La rédaction de la lettre doit aussi prendre en compte les deux paramètres suivants :

- Rappelez en une phrase au début de votre lettre les circonstances dans lesquelles vous écrivez : s'il s'agit de la réponse à une annonce, rappelez le numéro de l'annonce et le support où vous l'avez trouvée ; s'il s'agit d'une candidature spontanée, expliquez votre motivation ;
- Le contenu de l'offre (contrat à durée déterminée, contrat de travail temporaire, contrat saisonnier, niveau, statut, responsabilités, contraintes…) détermine bien évidemment les arguments que vous allez utiliser.

L'entretien de motivation

L'entretien sert au recruteur à vérifier les impressions qu'il a eues à la lecture du dossier de candidature (ordinairement composé du CV, d'une lettre de motivation, quelquefois d'un questionnaire). Durant ce face-à-face, il va chercher à :

- compléter son information, par exemple, en cherchant à comprendre ce qui fonde vos affirmations ;
- tester la véracité des informations contenues dans votre dossier, par exemple l'authenticité de vos motivations ;
- vérifier certaines attentes. Ainsi, si le recruteur est le supérieur hiérarchique direct, il se demandera si le candidat lui facilitera la tâche ; s'il s'agit d'un futur collègue, le recruteur se posera la question du danger de recruter un concurrent sérieux ou au contraire une personne complémentaire ; enfin, dans les deux cas, le recruteur s'interroge sur la compatibilité d'humeur...

Le recruteur cherche ensuite à classer le postulant par rapport aux autres candidats sélectionnés. Il s'agit donc pour le candidat d'être le meilleur ! Pour cela, il faut s'impliquer et préparer des réponses personnelles et pertinentes pour chaque phase de l'entretien. Il est donc nécessaire d'anticiper les questions prévisibles pour éviter les erreurs les plus courantes, prouver ses points forts par des réponses personnalisées et positives, répondre avec pertinence aux questions classiques en repérant les enjeux derrière les questions.

CHAPITRE 14

VOTRE DÉMARCHE

Au programme

- Les candidatures spontanées
- Répondre à une offre d'emploi
- Diffuser votre CV sur Internet

Après avoir identifié ce que vous pouvez faire (vos aptitudes), ce que vous savez faire (vos compétences), ce que vous aimez faire (vos motivations), ce que vous voulez faire (en fonction de votre profil, des opportunités et du marché de l'emploi), il vous reste à le faire savoir. Plusieurs méthodes s'offrent à vous.

Les candidatures spontanées

De vive voix : par téléphone ou en vous déplaçant

L'objectif de la prise de contact par téléphone ou par déplacement, c'est d'obtenir un rendez-vous pour un entretien de motivation. Cette prise de contact direct permet d'obtenir de précieux éléments d'information et les réactions immédiates de l'interlocuteur. En outre, l'entretien téléphonique permet de lire ou d'écrire des informations au cours de la conversation.

Avant l'appel ou le déplacement, il est nécessaire de préparer soigneusement la prise de contact :

- nom et fonction de la personne à appeler ;
- informations sur l'entreprise ;
- contacts précédents dans l'entreprise ;
- nom de la personne qui vous a donné les coordonnées ;
- phrase de présentation ;
- argumentaire.

Pour obtenir l'interlocuteur, il faut parfois passer le barrage de la secrétaire : ayez un ton agréable, souriant, dynamique, saluez, donnez votre nom et une brève information du type « J'appelle (ou je viens) de la part de… » ou bien « Je l'ai rencontré à tel forum ou réunion » ou « Je sais qu'il recherche actuellement… ».

Puis, vérifiez que vous êtes bien en contact avec le bon interlocuteur et expliquez-lui brièvement l'objet de votre démarche : « Vous cherchez un collaborateur pour… et je pense pouvoir être cette personne » ou « Je souhaite vous présenter mon expérience qui, je crois, peut intéresser votre entreprise ou service de… ».

Montrez rapidement que vous connaissez un peu l'entreprise (ses stands, ses implantations, ses publicités…), et ses besoins (ses petites annonces, les commandes dont la presse a parlé…).

Renseignez-vous ensuite pour connaître les postes à pourvoir et présentez quelques arguments forts pour votre candidature (votre expérience dans le domaine ou la fonction, vos atouts).

Évoquez ensuite l'intérêt d'une première ou nouvelle rencontre, proposez diverses dates et heures pour cela, puis remerciez pour l'attention accordée.

Après la prise de contact, notez immédiatement les informations obtenues, le meilleur moment pour appeler ou se déplacer, les délais convenus avant le prochain contact…

Par courrier ou par e-mail

Pour une candidature par courrier ou par e-mail, il faut travailler tout particulièrement sa lettre de motivation et son CV (voir les conseils données en pages 154 à 156).

Quant aux envois groupés par e-mail, ils sont déconseillés car cela revient à envoyer une même lettre de motivation standard à tous les contacts et cette procédure est peu appréciée.

Répondre à une offre d'emploi

Selon l'offre, la réponse doit être effectuée par courrier ou par e-mail. Conformez-vous aux instructions données dans l'annonce.

L'offre d'emploi signifie que l'entreprise a un besoin réel, qu'elle en est consciente, qu'elle l'a identifié et qu'elle s'efforce de le formuler de façon claire. Mais une offre d'emploi est portée à la connaissance d'un grand nombre de rivaux qu'il faudra supplanter.

Pour cela, il faut décrypter correctement l'offre. Pour vous aider, sachez que les offres d'emploi contiennent trois catégories d'informations :

- les informations descriptives qui expriment clairement les attentes du recruteur ;
- les informations alléchantes qui visent essentiellement à attirer un grand nombre de candidats ;
- les informations travesties qui tentent de faire passer en douceur les inconvénients du poste.

L'analyse rigoureuse de l'offre d'emploi permet de profiter au mieux de l'avantage constitué par l'information sur les besoins de l'entreprise pour surmonter le handicap de la concurrence.

Attention !

> **La réponse à une offre d'emploi doit impérativement préciser le poste auquel vous postulez et les références de l'offre.**

Diffuser votre CV sur Internet

Sur votre site Web

Il s'agit de créer un site Web présentant votre CV. Ce site peut être consulté si l'on en connaît l'adresse (que vous pouvez indiquer sur tous vos envois).

Pour créer votre site Web, il vous faut :

- un éditeur de texte HTML. Vous pourrez utiliser des logiciels gratuits que vous trouverez dans les kits de connexion ou en téléchargement sur Internet ;
- un espace d'hébergement. Vous pourrez utiliser l'espace offert par les fournisseurs d'accès.

Attention !

> **N'oubliez pas d'enregistrer votre site Web sur les moteurs de recherche et annuaires, sinon il ne sera pas consulté.**

Votre graphisme peut être personnalisé. Évitez toutefois l'excès de photos qui freine le téléchargement. Limitez aussi le nombre d'écrans avant d'arriver au CV.

Sur des sites spécialisés

La plupart des sites spécialisés d'offres d'emploi disposent de rubriques dans lesquelles vous pouvez mettre votre CV en ligne, alimenter des CVthèques. Le dépôt de votre CV s'effectue en remplissant un formulaire type ou en joignant un fichier au format Word ou autre (utilisez un format couramment utilisé).

Attention !

> **N'oubliez pas de mettre à jour régulièrement votre CV. Vous pouvez à tout moment le modifier sous réserve d'avoir conservé vos numéros de dossier et vos mots de passe.**

ADRESSES UTILES

IRSEP (Institut des relations sociales et de l'efficacité personnelle), à Paris

www.irsep.fr

Tél. : 01 45 24 55 08

L'IRSEP propose un bilan et des conseils en un cours particulier de deux heures avec utilisation d'un magnétoscope si nécessaire pour mieux diriger sa recherche d'emploi, mettre en valeur son projet professionnel, être plus performant dans la rédaction de son CV et de sa lettre de motivation, être plus convaincant lors des entretiens de sélection.

L'IRSEP anime également des cours particuliers de perfectionnement en entretiens de motivation et en expression orale, notamment pour la recherche de stage et les concours administratifs ou d'établissements d'enseignement.

L'IRSEP anime aussi dans les entreprises et les administrations des sessions de formation portant notamment sur le management, l'efficacité personnelle, les relations interpersonnelles.

ITEC (Institut des techniques d'expression et de communication), à Paris

courriel : itecformation@yahoo.fr

Tél. : 01 40 72 65 68

L'ITEC propose dans les établissements d'enseignement des séminaires de préparation à la recherche de stage ou d'un premier emploi, avec analyse critique et individuelle des *curricula vitæ* et des lettres de motivation apportés, simulations de différents types d'entretien adaptés aux étudiants concernés, sensibilisation éventuelle à certains tests.

Lors de ces séminaires d'une journée (possibilité de deux demi-journées en région parisienne), par petits groupes, des informations sont aussi données sur les critères d'évaluation, les moyens de recherche, les différentes phases d'un recrutement et d'un entretien, les erreurs à ne pas commettre, les questions les plus fréquentes.

REMERCIEMENTS

Nous remercions les établissements d'enseignement secondaire, supérieur ou technique qui, en s'adressant à l'Institut des techniques d'expression et de communication (ITEC, voir en page 164) nous ont permis d'animer des cours portant sur le bilan de compétences, le projet professionnel et les techniques de recherche d'emploi.

Nous remercions aussi les personnes qui, candidates à un concours ou demandeuses d'emploi, ont suivi nos séances d'entraînement individuel à l'Institut des relations sociales de l'efficacité personnelle (IRSEP, voir en page 163).

Tous ont ainsi contribué à la réalisation de ce guide.

Dans la même collection

PEFC
10-31-2541
Certifié PEFC
Ce produit est issu de forêts gérées durablement et de sources contrôlées.
pefc-france.org

Achevé d'imprimer par Normandie Roto Impression s.a.s.
sur papier offset Ambergraphic 90g
N° d'impression : 1500314
Dépôt légal : février 2015

Imprimé en France